大衆心理學叢書

吳靜吉博士策劃

每册都包含你可以面對一切問題的根本知識

㊲

心理分析與教育

大衆心理學叢書 37

心理分析與教育

作　者——鄭石岩
策　劃——吳靜吉博士
主　編——大眾心理學叢書編輯室
發 行 人——王榮文
出版發行——遠流出版事業股份有限公司
臺北市 100 南昌路 2 段 81 號 6 樓
郵撥／0189456-1
電話／2392-6899　　傳眞／2392-6658
香港發行——遠流(香港)出版公司
香港北角英皇道 310 號雲華大廈 4 樓 505 室
電話／2508-9048　　傳眞／2503-3258
香港售價／港幣 53 元
法律顧問——王秀哲律師・董安丹律師
著作權顧問——蕭雄淋律師
1984 年 8 月 1 日　初版一刷
2004 年 11 月 1 日　二版七刷
行政院新聞局局版臺業字第 1295 號
售價新台幣 160 元　(缺頁或破損的書，請寄回更換)

ISBN 957-32-2002-4

YLib 遠流博識網
http://www.ylib.com　　E-mail:ylib@ylib.com

心理分析與教育

鄭石岩　著

《大眾心理學叢書》出版緣起

王榮文

一九八四年，在當時一般讀者眼中，心理學還不是一個日常生活的閱讀類型，它還只是學院門牆內一個神秘的學科，就在歐威爾立下預言的一九八四年，我們大膽推出《大眾心理學全集》的系列叢書，企圖雄大地編輯各種心理學普及讀物，迄今已出版達二百種。

《大眾心理學全集》的出版，立刻就在台灣、香港得到旋風式的歡迎，翌年，論者更以「大眾心理學現象」爲名，對這個社會反應多所論列。這個閱讀現象，一方面使遠流出版公司後來與大眾心理學有著密不可分的聯結印象，一方面也解釋了台灣社會在羣體生活日趨複雜的背景下，人們如何透過心理學知識掌握發展的自我改良動機。

但十年過去，時代變了，出版任務也變了。儘管心理學的閱讀需求持續不衰，我們仍要虛心探問：今日中文世界讀者所要的心理學書籍，有沒有另一層次的發展？

在我們的想法裡，「大眾心理學」一詞其實包含了兩個內容：一是「心理學」，指出叢書的範圍，但我們採取了更寬廣的解釋，不僅包括西方學術主流的各種心理科學，也包括規範性的東方心性之學。二是「大衆」，我們用它來描述這個叢書「閱讀介面」，大衆，是一種語調，也是一種承諾（一種想爲「共通讀者」服務的承諾）。

經過十年和二百種書，我們發現這兩個概念經得起考驗，甚至看來加倍清晰。但叢書要打交道的讀者組成變了，叢書內容取擇的理念也變了。

從讀者面來說，如今我們面對的讀者更加廣大、也更加精細（sophisticated）；這個叢書同時要了解高度都市化的香港、日趨多元的台灣，以及面臨巨大社會衝擊的中國沿海城市，顯然編輯工作是需要梳理更多更細微的層次，以滿足不同的社會情境。

從內容面來說，過去《大衆心理學全集》強調建立「自助諮詢系統」，並揭櫫「每冊都解決一個或幾個你面臨的問題」。如今「實用」這個概念必須有新的態度，一切知識終極都是實用的，而一切實用的卻都是有限的。這個叢書將在未來，使「實用的」能夠與時俱進（update），卻要容納更多「知識的」，使讀者可以在自身得到解決問題的力量。新的承諾因而改寫爲「每冊都包含你可以面對一切問題的根本知識」。

在自助諮詢系統的建立，在編輯組織與學界連繫，我們更將求深、求廣，不改初衷。

這些想法，不一定明顯地表現在「新叢書」的外在，但它是編輯人與出版人的內在更新，叢書的精神也因而有了階段性的反省與更新，從更長的時間裡，請看我們的努力。

編輯室報告

心理分析(psychoanalysis)的問世，是本世紀人類追求了解自己和提昇精神生活的一大突破，它不僅在醫療上有卓越的成就，在教育、社會、文學、藝術、宗教、法學與犯罪學各方面，亦激起深遠的回響，現代人的思想和生活，受心理分析所賜者甚多。心理分析自佛洛伊德(S. Freud, 1856—1939)以來，經過許多心理學家承先啓後的努力，對於心靈的新大陸(潛意識，unconscious)不斷提出新的發現，無論在人格的研究、道德的探討、創造力、心理疾病、教學方法、社會運動與行爲各方面，均有驚人的成就，對人類追求幸福與成功的人生，發生了積極的引導作用。正因爲如此，唐斯博士(Dr. R. B. Downs)把佛洛伊德的巨構《夢的解析》(*The Interpretation of Dream*)一書，列爲改變歷史的書。事實上，它不只改變歷史，也改變了我們每個人的生活和思想方式，而成爲本世紀顯學中的顯學。

心理分析被介紹到我國已有幾十年歷史，一般人對這門學術並不陌生，但對它有充分了解者並不多見。至於能應用它來協助解決生活上的問題，提昇精神生活，使自己生活得更幸福、更自在、更豐足、更成功，就更少了。我們可以說，心理分析在我國，並沒有充分地發揮它的價值。

換句話說，我們沒有好好地應用這份可以使我們走向康莊大道的學術富源。

《心理分析與教育》一書，把心理分析帶入教育領域，讓它在教育園地裡綻放智慧的花朵，無論在教育理論、教育方法及人格教育各方面，都有精闢的論述，是每一位父母、教師及教育工作者應讀的好書。本書以深入淺出的文字，精要地介紹心理分析的理論及其教育上的應用，一方面顧及嚴謹的學術層面，一方面就實際應用詳加解析。讀完本書，必然使你的觀念發生極大的改變，你將會放棄權威、灌輸和嚴格管教的教育方法，代之以自治、引導和啓發，你對子女或學生的教育愛就會眞正生根，而你的孩子和學生，在創造力、人格發展及讀書的態度上，將有決定性的改變和進步。

本書的作者鄭石岩先生是國立政治大學教育碩士，曾赴美國俄亥俄大學研究，現任政治大學兼任教職，對心理分析、教學心理學及佛學素有研究，著有《弗洛姆的精神分析理論》《佛法與心理分析》等書。《心理分析與教育》是其近著，茲有鑑於本書在教育、教學及追求幸福生活上的價值，特收入「大衆心理學叢書」，以饗讀者。

（史東籬執筆）

心理分析與教育

目錄

自序

心理分析自問世以來，經過八十年來的研究、演變和發展，對人性、人格及深層心理之了解，已有相當成就。其對教育之影響，亦逐漸由局部而趨於普遍，目前許多教育工作者，均已受其薰陶，並或多或少應用於教育工作上，惟在學術資料上，鮮少從教育觀點，對心理分析學作一綜合性及應用性之探討，至於其在教育上的價值之研究亦付之闕如。

本著作旨在討論心理分析學在教育上的價值，就理論與應用加以研究。從蒐集資料到寫作完成，其間斷斷續續，共費時四年有餘，由於國內資料有限，筆者於赴美進修期間，亦抽空蒐集有關資料，點點滴滴融會整理，對心理分析之可供教育導向參考者，予以討論整理；可應用於教育實際工作者，亦予歸納研究，而尤重於教育愛之評介。最後以英國夏山學校之實驗、美國十五位著名學者專家的評論、英國皇家對夏山學校實驗之視察報告，以及對夏山校友之追蹤報告等資料，討論心理分析學對教育之價值。

在教育研究上，有關開放的教室及自由學習等實驗研究不乏先例，惟完全以心理分析學所提供的觀念去創辦實驗學校者，當以尼爾（A. S. Neill）在英國所創辦的夏山學校（Summerhill School）最受矚目，且可謂獨一無二的學校，這所學校創辦於一九二一年，一實驗就幾十年，尼爾在一九六〇年所寫的報告《夏山學校》（*Summerhill*，遠流出版社出版，大衆心理學叢書）一書，很快引起各國的熱烈討論，並譯爲十餘國語文。該書在美國的銷售量，僅僅一九六九年就賣出二十萬本，比一九六八年多一倍，可見美國教育界對該書的濃厚興趣。夏山學校的宗旨是要學校去適應學生，而非讓學生來遷就學校，教育方式是愛、自由、自治和自律，並重視性教育，其終極目標是培養學生的創造性和幸福人生。像夏山學校的實驗，確實很難獲具體的結果，因爲學生畢業後是否過得幸福、是否具有創造性，在在都是很難評估的。但是英國皇家視察報告，卻肯定了它的價值，美國教育家柏斯登（E. B. Bernstein）在一九六五年，用了整整一個暑假，專程赴英國對夏山校友做追蹤研究，從參觀夏山學校到實地訪問校友，在夏山校友家作客，了解他們的家庭生活、事業、人際關係、心理生活及對子女的態度等等，該追蹤報告證實了夏山校友確實過著曠達幸福的生活，而且在事業及學術上亦有良好成就。柏氏自己也將夏山精神移植到他的教室裡，亦證實了自由與自律對學校的學習，具有積極的效果，爲使讀者對夏山學校有正確的了解，對自由學習的價値及體罰對學生的影響有淸楚的認識，特搜錄四篇文獻附後，俾供讀者參閱。

本書的部份研究，曾發表於六十八年國立政治大學《教育與心理》年刊。嗣以出國進修，返國後行政工作忙碌，以致研究工作停頓。本(七十二)年，登山意外跌傷脊椎，纏綿病床，動彈不得，自思苦無一特殊工作，以超越劇烈之疼痛，必愈受制於病魔，而深陷於苦痛之泥沼。遂發心完成本書，內子將書籍資料堆置病榻四周，一時儼然有悠臥書城之輕安，寫作的意志確實克服了病痛，時而享受心領神會之樂，時而受制於痛楚之苦，甘甘苦苦，日復一日，終於完成本書，而傷勢亦因精神力量而加速康復。

病榻月餘的生活，母親和內子溫慰關愛、兩個活潑可愛的孩子給我天眞和喜悅，師長朋友的關懷，激發我生活的積極態度，尤其感動者，恩師胡秉正教授賢伉儷，年逾八十之尊，慈祥緩步遠來探病，親切垂詢，更令我刻骨銘心，由衷感激。愛不但帶來溫暖，重要的是它給你生活的光和力量，並激發你的生命力去關愛別人。這些生活點滴，更令我體認羅洛梅(Rollo May)所揭示「意志力之驚人效果」，信服弗洛姆(Erich Fromm, 1900—1980)所說「愛的完美與香醇」，亦切身領受阿德勒(Alfred Adler, 1870—1937)所謂「超越的力量」。這些心理分析學家對人性的認識與了解已功參造化，他們的發現和教誨殊値我們做爲生活的指導，更値得引用在教育工作上。

寫完本書，沉思良久，總覺得人類秉賦裡就有善良的品質，這些尊貴的秉性之所以不能彰顯，完全是被不當的教育方式及不好的生活經驗所抑制，而排除抑制的最好方式，就是給予幸福的童年、給予愛、自由、自律和自治。隨著本書的完成，我對教育的看法已胸有成竹，希望讀者在看完本書之後，亦起共鳴。

本書承內子高秀眞女士一再校閱，又承政大教育系四年級莊意芬同學校對，並此致謝。

鄭石岩於台北

第 1 篇 心理分析的基本原理與教育理論的重估

提要

佛洛伊德說：「心理分析不僅是一種治療學，同時也肩負著文化工作的使命。」這門學科自二十世紀初迄今，隨著社會文化的變遷，不斷充實其理論與應用層面，由個人行爲之研究，兼及群體與文化現象的探索，由意識行爲的觀察而深入心靈世界的底蘊——潛意識。它揭開了潛意識是人類精神生活的資源，是創造力和想像力的老家，是情感和情緒的故鄉；而惟有健全的人格，才有權利享用這份心靈深處的寶藏。教育的目的無非是爲了培育健全的人格。無論是從本體論、知識論、道德論來看，教育都離不開人格這個核心，正因爲如此，我們不得不了解這門改變歷史的學術，它對人格作何看法？它對教育又有什麼看法？而本篇的論述將使你對教育理論耳目一新。

第一章　緒論

本世紀的凌晨——一九〇〇年，佛洛伊德的皇皇巨構《夢的解析》問世，心理分析於焉誕生❶。當時它是學術界的生客，除佛洛伊德本人及少數心理學家，對其意義與價值懷著希望和期待外，世人未曾予以矚目。當時出版六百冊，賣了多年，頗遭「天地不仁」的際遇；不但得不到一般學術界的接納，連醫學界和心理學界都報以冷嘲熱諷，心理分析就在這敵視、排斥和誤解的氣氛下開始了它的學術命運。然而眞理畢竟是經得起考驗的，它在佛洛伊德及其後繼者的努力下，其涉研範圍由心理學擴展到社會、文化、宗教及倫理學等領域。在半個多世紀裡，對學術界的影響，可謂深遠遍及。心理學家特里寧(L. Trilling)說：「心理分析影響西方人的生活，實無以勝計，起先它的理論是針對某些心理疾病構想出來，最後卻發展成一門關乎思想本身的劃時代學術

。凡是有關人類命運或本質之類的教諭或學說，沒有不受其影響的。」❷

心理分析可以說是傳統理性主義和近代浪漫主義結合的產物。同時也是西方感性文明下❸尋求解決精神危機的典型表現。他們從探討心靈之頹喪及疾病之治療，進而涉及人類文明的未來和命運；從行爲動機研究人類，進而細察心理動能及深層心理的奧秘，其終極旨趣是心理的健康、人性的提昇和生活的幸福。心理分析在研究上本於人性而歸於「人道」，與一般以動物做實驗之心理學，在本質上迴然相異。心理分析經過半個多世紀的發展，其人本(humane)精神已日益彰顯，它逐漸成爲與生活息息相關的顯學。加諸本世紀歷史的特殊性，及科技文明所呈現的精神失調，心理分析遂由一種心理學方法，擴展成人文社會學科的研究取向，從橫的角度看，它涉及到每一門社會學科；從縱的發展看，它已演化成不斷發展和系統化的思想體系。誠如佛洛伊德在其自傳裡說：「此時回顧我勞苦的工作，可說已爲許多事起了開端，同時也提供了不少見地；我雖然無法斷言影響之大小，但將來總會開花結果。總之，但願我已爲知識的重大發展開創了一條坦途。」目前心理分析在文學、人類學、社會學和教育學上已普受重視，並發生深遠的影響。

在一般教育工作者的觀念裡，心理分析和心理治療總像同素物一樣被聯想在一起，很少注意它在教育上的意義和價值。不錯，心理分析是一門心理治療學，治療是其看家本領，他們一向側重心理病理的研究，很少涉及教育問題，但近年來，心理學界之普遍重視心理衛生和幸福生活的研究，終於引起心理分析學家對教育的關心和興趣。雖然，他們慣於從病理中觀察常人的心理過程和教育問題，但由於著眼點之特殊，對人性見解之獨到，對教育的見解和批評每多發人深省，特別是在教育目標、情育、德育和教學方法上，頗多精闢之論。

心理分析除對人類心理歷程有特殊研究和貢獻外，對文化和社會之探討亦極深入，特別是在社會意識、社會性格、集體潛意識，以及普遍的精神和文化現象，頗有獨到的見解。心理分析學家把社會現象和個人人格視爲一體之兩面，視教育與文化之健全發展爲個人幸福生活的基礎，佛洛伊德說：「心理分析不僅是一種治療工作，同時也肩負著文化工作的使命。」他們所強調的「解放自我」，及「何處有本能，何處就該有自我」的理想，可以說是一種文化發展的指南，同時也是教育發展的規準之一。

潛意識是心理分析學獨家研究的心理學領域，他們在這塊「新大陸」上，孜孜不倦地鑽探研析，他們發現它是人類許多不可思議行爲的幕後主腦，並與個人的命運、幸福和創造能力有密切的關聯。心理分析在這方面的研究和發現，已對教育提供了許多極有價值的建議。例如：廢除體罰、消除恐懼和權威式的管教、建議積極採取「自動學習」的教學策略等等。此外，他們在心理治療過程中，也發現了學習的特殊性，特別是學習的動力性因素，如抗拒學習(resistance to learning)是個人對新知裹足不前，對新情境產生畏縮的重要原因。他們提醒教育學家注意：如果兒童的抗拒心理一日不消除，自動學習和「經驗之不斷改造」就一日無法實現❹。

心理分析和教育的關係，以往一直停留在移接的層面；換言之，以往的教育工作者只用它解決某些教育問題，極少從心理分析的方法和本質研討教育的意義。因此，心理分析在教育學上的地位，充其量不過是一個小工具，談不上探討整體教育性質和過程。如今，由於心理分析之人本目標和「拯救」任務之強調❺，已引導許多學者從心理分析的立場探討教育，其所提出的論點如自動學習、開放的教室、消除抗拒以及愛的教育、兒童中心教育等，頗能匡輔當前教育上的缺失，對教育理論的探討和研究亦甚具啓發性，於是它在教育上的價值開始受到重視。

筆者據多年來的研索和玩味，深信心理分析對教育研究具有深遠的價值。特別是閱讀尼爾所著的《夏山學校》及柏斯登所著的〈夏山校友的追蹤研究報告〉(Summerhill: A Follow-up Study of Its Students)❻等文之後，更覺心理分析在教育哲學和方法上具有無比的挑戰性，它不但有助於教育理論的批判與研究，同時對教學和輔導的貢獻，亦將遠超過我們想像之外。

在我國教育界裡，心理分析一詞是家喻戶曉的，但眞正了解的人則不多。一般人常被佛洛伊德的盛名所障蔽，將心理分析視爲佛洛伊德的一齣獨角戲，忽略了它不斷發展的本質。有些人把心理分析視爲性心理學，或者將它嚴格劃分爲佛洛伊德學派或新佛洛伊德學派，均屬不當。心理分析的本質是一貫的、繼續性的，它的理論因不同的發現而充實，研究範圍因不斷擴大而更形完整。此外，也有人批評心理分析的理論有矛盾和紛歧的現象，這也是缺乏統整了解的結果；蓋心理分析學家意見最不一致的就是「動能」，例如佛洛伊德主張性本能是動能，榮格(C. Jung, 1875—1961)主張一般生命力是動能，阿德勒則主張超越自卑才是動能等等。其實每一位心理分析學家所提出的只能說是動能的一種，對動能的發現愈多，對人性的了解將愈深入；不同的發現是相輔相成的基礎，而不是相互矛盾的原因。心理分析學家對動能的不同主張，就像一般心理學界對「學習」的解釋不一致一樣，其不同之點是並存的因素，而非互相矛盾的根源。人類天生就有許多慾求，它構成了生活的動能。在研究心理分析時，不但要採取統合的態度，同時要以史普朗格(E. Spranger, 1882—1963)所謂的了解法(understanding method)，做進一步的了解。對人類動能的了解與把握，應同時考慮社會變遷及種種社會現象，因爲動能將隨著社會生活而改變反應方式，例如維多利亞時代，歐洲人對性的習俗是保守的，而性的觀念卻日趨開放，因之性的抑制成爲社會普遍的現象，因此佛洛伊德發現許多心理疾病都可追溯到這個原因。稍後阿德勒有鑑於資本主義社會生活競爭之激烈，因而肯定自卑與超越是心靈生活的主要動能。其他如榮格、沙利文(H. S. Sullivan, 1892—1948)、弗洛姆等人也先後提出不同的動能主張，他們的看法雖各異，但他們同樣都是從觀察人類社會生活中的反應得來。此外，動能是可以轉換的，這在佛洛伊德的論述中看得淸楚，他說：「我嘗試建立超心理學(metapsychology)，把每一種心智過程都以所謂的動力學(dynamics)、地形學(topography)和經濟學(economics)三個座標加以衡量，做爲解決問題的方法，這個方法依我看來，將可使心理分析達到更高的目的。」❼依佛洛伊德的看法，動能具有經濟學上所謂的轉換現象，它隨著生活方式和需要轉換。教育工作者必須從這個途徑去了解和應用，始能正確地把握它的理論與價值。

心理分析在教育上價值如何?對教育的影響如何?這是本書旨趣所在，由於心理分析已漸重視人性提昇和自我實現，與教育的功能恰好不謀而合，因此其關係是密切的、相輔相成的；心理分析的人本目標必須透過教育來完成，而教育的歷程也需要心理分析的人性知識做爲設計和批判的依據。誠如《中庸》所說：「率性之謂道，修道之謂教」，教育學的研究必須借重心理分析所發現的人性知識，而教學方法、師生的溝通、品格教育等等，亦需心理分析的知識來指導。

本書不對心理分析理論做個案研究，而是採取通全和了解的途徑，研究它對教育的貢獻與價值，在方法上較側重歷史法和了解法，因此有兩個觀念必須予以澄清。其一是了解法，係哲學家及心理學家史普朗格所創，是在客觀有效的認識形式內，把各種心理分析理論之源起及演變，作綜合意義豐富來把握，並深入內在綜合關係，從歷史的發展、社會的變遷以及佛洛伊德所謂動能的地形學的和經濟學的座標去了解心理分析、去把握它教育上的意義與價值。其次是採取史賓格勒(O. Spengler, 1880—1936)及湯恩比(A. Toynbee, 1889—1975)等人的歷史方法，使用「型態」的觀念，將心理分析視爲對二十世紀感性文明及精神危機所發生的「回應」，納入感性文明「型態」的一個部份，從感性文明的特性去了解心理分析的本質和影響。心理分析學家特里寧說：「心理分析和別的學術一樣，如能從歷史的演進加以研究，便能了解得更透澈、更清楚。」相信歷史法對心理分析之了解是有益的。

心理分析不是一門教育哲學，更不是教育科學，因之本書的旨趣是研究它在教育上的價值與意義，誠如佛洛伊德所說：「心理分析已演變成具有兩種意義的名詞。它的原意是一種特殊的治療名稱，而今則成爲一門專論潛意識心智過程的科學，這門科學本身很少有能力負起處理某一問題的全責，但它似乎注定要對許多知識領域提供最有價值的援助。如今心理分析學應用的範圍之廣，一如心理學，已成爲最偉大時代不可或缺的一門輔助科學」❸。本書即從教育輔助科學的角度來探討心理分析在教育上的價值。

附註

❶心理分析一詞是佛洛伊德於一八九六年開始使用的。

❷請參閱瓊斯(E. Jones)所著《佛洛伊德的生活與工作》的序文。另見佛洛伊德著的《佛洛伊德傳》，廖運範譯，新潮文庫，民國六十六年八月出版，頁一九五。

❸社會學家及文化學家索羅金認爲：歷史的發展是由三種文化型態更替支配，即理性文化，中庸文化及感性文化三種。目前西方正是感性文明的頂峯時期，並已面臨瓦解階段，一種文明型態的瓦解，即被另一種文明所取代，索氏稱爲轉型，當此轉型時刻，不免帶來人類的災難。

❹Watson, G., Psychoanalysis And The Future of Education, *Teacher College Record* 58, No. 5 (Feb., 1957), pp. 241—247.

❺Fromm, E. *Crisis of Psychoanalysis*, Fawcett Publications, Inc., Greenwich, Conn., 1970, p. 77.

❻Bernstein, E., Summerhill: A Follow-up Study of Its Students, *Journal of Hum anistic Psychology* 8, No. 2 (Fall, 1968), pp. 123—136.

❼Freud, S., *An Autobiographical Study*, W. W. Norton & Company Inc., 1953, p. 58.

❽同上，頁八〇。

第二章　心理分析的理論基礎和演變

時代背景

仔細分析影響近代西方生活、思想和社會變遷的勢力，可以很容易地發現下面兩個線索，即工業革命和自由人權思潮。前者締造了資本主義社會；後者建立了民主政治。兩者對現代人的影響無遠弗屆，無微不至，影響所及，有好的一面，有壞的一面：使現代人自傲、自大，但生活得並不快樂；給人們帶來了更多的物質享受和成就，但精神和道德力量卻相對渙散；兩者成為現代化絢爛的動力，卻共同帶來緊張、鬱悶和貧瘠的精神生活。心理分析是在這種社會情境下產生的，它的任務是治療和拯救（亦即教育的任務），因此欲了解心理分析的本質及其在教育上的價值，不可不從工業革命、民權自由運動及十九紀末的學術思潮等各方面予以了解。

□工業革命

工業革命首先發生於英國，漸漸遍及西歐和世界各地，它是一種經濟生活方式的轉變，主要原因是生產方式的改進——機器的力量代替人力和畜力。十八世紀中葉以後，英國打敗了西班牙無敵艦隊，開始稱霸海上，旋即在英荷戰爭及西班牙王位繼承戰爭中，相繼征服了荷蘭和法國，勢力更加擴張，尤其七年戰爭之後，海上貿易已成爲英國人的專利。這些戰爭不但刺激經濟發展，同時也開拓海外新市場；在生產、資本、原料、科學技術種種需要與配合下，製造機械化，資本集中化，管理非人道化。從好的一面看，英國國力日強、科技日新月異、民智日開；從壞的一面看，勞資糾紛與對立日趨嚴重、工人失業、人口向都市集中、兒童受資本家的壓榨等等。威爾杜蘭夫婦(Will & Ariel Durant)在《世界文明史》(*The Story of Civilization*)一書中寫道：在一七六〇年後的半個世紀裡，從手工及家庭工業發展到工廠的轉變，對英國勞工而言，其不人道遭遇有時確較奴隸制度更爲悲慘。資本家對工人壓榨，工資低，尤其對童工的壓榨最爲嚴重，每天工作時數自十小時至十四小時不等，成群住宿，工廠爲使機器便於整天工作，宿舍得以充分運用，採取十二小時輪班制。童工的紀律全靠拳打脚踢維持，這些工廠學徒成爲無力抵抗疾病的犧牲者，很多童工因過度勞累而畸型，此種現象持續到十九世紀初期，才獲改善❶。其時，勞工和童工在社會上是被壓迫的一群，因此他們結合工商界新秀，向貴族挑戰，後來生活雖獲改善，但貧富差距和工技社會所存在的種種問題，仍無法解決。工業革命雖然反映了理性的光輝，但物化生活則使人們的心靈僵化，競爭的生活方式導致焦慮和緊張；於是理性和非理性對立，資本家和勞工對抗，享受和罪惡並存，慾望和不滿並峙，這些現象演成近代社會的困局和精神生活的悲劇。

工業革命激發科技的發展，實證主義和經驗主義即刻躍爲思想界的主流。此一思想變革，削弱了宗教信仰力量；知識與科學使人類對自己充滿自信，繼而懷疑神，最後共同埋葬了上帝。宗教的破壞，造成道德的腐化，特別是強調利益和標榜物質享受，更增加了人類自私的天性。結果，人慾隨著自由與浪漫的風氣披靡，「神」和「完美的個人」成爲歷史的陳跡；價值的規準由我是(I am)變爲我有(I have)❷；人慾橫流，眞正暴露了貪婪和邪惡的本質。過去由宗教和權威所建立的種種規範，已岌岌可危，過去神所呵護的平和之氣，也因爲自私和自大而變得緊張、不安和瘋狂。

除此之外，工業革命在社會上造成了無盡的競爭和個人主義，個人主義切斷了自己與別人的相屬感(belonging)，破壞了「天人合一」的自在情況(well-being)，競爭、個人主義和自私相得益彰，科技愈進步，競爭愈厲害，「人與人」「人與天」的相屬感愈遭破壞。因此，人類被逐出了祥和的「伊甸園」，在心靈上開始感受到「舉目無親」和迷失，工技社會在人們的內在生活與外在生活之間，在主觀的眞理和客觀的眞理之間，造成了空前的疏離❸。

工業革命的副作用，被心理分析學家稱做「非理性的反應」，他們相信人類既因工業革命而破壞了舊有的和諧，就必須使自己不再迷失下去；既然自己和上帝間舊存的「主與羔羊」的關係已緣盡情絕，人類就得在現代社會中自尋幸福的方法。但由於宗教必須經過「知性的萎縮」而注定它失敗的命運，科技的發展促成民智大開，使宗教信仰更不易被接受，於是最好的方法就是愛與意志，最好的途徑就是「何處有本能，何處就該有自我」。佛氏的看法和中國《中庸》所謂「發而中節」的道理，可謂不謀而合。弗洛姆對此也提出一個幸福的準則：「汝須像神」（You shall be as God)❹。所謂「汝須像神」即人必須發展自己的人性(即神性)，行公義、能愛人，使自己與內在的眞實自我相結合，避免理智和情感分家，訓練自己成爲一個「完人」(perfected man)或清醒的人，這就是心理分析家對教育的期望。於是心理分析對工業革命所帶來的種種精神危機之關注，導致人本心理分析學(humanistic psychoanalysis)的蓬勃發展。

□自由、民權和浪漫思潮

在工業革命的同時，歐陸發展了兩股影響人類生活的思潮，其一爲自由與民權；其二爲浪漫主義，兩者均與盧梭(Jean-Jacques Rousseau, 1712—1778)有密切關係。首先討論自由民權的浪潮，通常史家以瓦特發明蒸氣機那一年(一七六九)，做爲工業革命發生的年代，而盧梭的《民約論》(*Lu Contrat Social*)和《愛彌兒》(*Emile*)兩部書均在一七六一年完成，由此可見工業革命和自由民權在發生的背景上息息相關；同時科學、自由和民權彼此之間也是相輔相成的。盧梭的《民約論》指出：「人生而自由，卻處處都在桎梏之中」❺。他指控國家摧毀自由，建議普遍尋求一個結社組織，以共同的力量防衛並保護每一參與結社者的生命和財產；在此情況下，每一份子將其自身報效給團體，但仍可服從自己，並享有自由。盧梭更認爲政府的主權，並非存在於統治者，而是存在於社團的「公共意志」，這種公共意志不僅屬於目前生存的公民，同時也屬於已死或未出生者。「法律是公共意志的表現」，理想的社會應是「服從我們自己制定的法律」「國家有權強制個人服從法律」「強制他享有自由」❻。盧梭對自由與民權的振臂疾呼，使民主與法治開始生根茁壯，並隨著工業革命後新階級的興起，與急待解決的勞資糾紛等社會問題相結合，醞釀成龐大的勢力，影響了政治制度，先發生於英法，相繼傳播於美洲殖民地。盧梭的政治哲學即刻成爲思想界的主流，傑佛遜(J. Jefferson, 1743—1826)的獨立宣言源自盧梭的思想，拿破崙(Napoleon, 1769—1821)亦將法國大革命歸功於盧梭。一七九八年杜朋(M. Dupan)在其回憶錄上寫著：中層與低層階級裡，盧梭擁有的讀者較伏爾泰(Voltaire, 1694-1778)多上一百倍，他灌輸法國人民以無上的學說，民主、法律和社會結社的觀念，因其大力提倡而深植民心，成爲西方世界不可遏阻的潮流，引起許多政治事件和戰爭，同時也把人類從權威之中解放出來，特別是將自由和感情相提並論，否認理性在超感性世界(宗教)中的有效性等，對人類精神生活影響尤大。盧梭雖不像稍後的尼采(F. W. Nietzsche, 1844—1900)那樣宣佈上帝的死亡，但他把宗教人本化，將人格和神格並列，對於一向安居於權威之下的人來說，一旦把自己從神的權威中解脫出來，便一發不可收拾。它造成了現代人的落寞、無根與徬徨，從十九世紀起，人類開始因「無根感」產生恐懼，人類愈是詆毀上帝，愈感到孤立無依；愈是炫耀自己的科技，內在的衝突和焦慮也愈演愈烈，終於造成了現代人的精神災難，普遍患了時代病(age's sick)。人活在共同意志的法律上，卻喪失了爲著一個超感性世界的理想而生活的機會；民權和自由給予人們一展長才的機會，但又剝奪了曾從世界中所獲取的某些超感性恩寵和利益。我們可以說民權和自由帶來法治上的人道價值；但同時也招惹了自己爲自己靈魂發愁的開端。心理分析正是爲悲愴的現代人提出治療和拯救的對策。

其次盧梭在十八世紀又帶動了一項很大的思想反動，史家們稱它叫浪漫運動。它反對理性和教條主義而提倡感情，並揭櫫其在生命的價值和意義，在所著《新愛絡綺思》（*La Nouvelle Heloise*）一書中，充分表現野性慾力的解放，這個解放運動，來勢洶洶地向傳統迎擊，幾乎使傳統發生動搖而破產。許多人也因此一廂情願，起而破壞社會規範，這是人類普遍恣情縱慾的開端，可是這個時期一般人的「理性」像重山峻嶺一樣，仍然發出冷酷的抑制力量。如果說理性像一道嚴峻的冰牆，那麼人慾一定像烈火，兩者的衝突使人類心理生活陷於困局，這種困局在社會上的普遍反應，可以從維多利亞式的情感生活看出端倪，而心理分析的精神治療學正在這時候適時提出。關於浪漫主義的特質，史學家曾這麼寫道：「浪漫主義乃感情對理性之反叛，本能對理智的反叛，情感對判斷的反叛，主體對客體的反叛，客觀主義對主觀主義的反叛，個人對社會的反叛，想像對眞實的反叛，傳奇對歷史的反叛，科學對宗教的反叛……女性對男性的反叛，浪漫的愛情對實利的婚姻的反叛，青年對權威的反叛，科技文明對自然和自然物的反叛，情緒表達對習俗限制的反叛，個人自由對社會秩序的反叛，青年對權威的反叛，民主政治對貴族政治的反叛……是一七六〇到一八九五年對一六四八到一七六〇年之反叛，這個反叛思潮，當時橫掃了整個歐洲。」❼浪漫思潮影響了文學、教育、道德和社會性格。它雖是今日人本思潮的先聲，但那種縱慾歪風，卻帶來墮落的現象，更危險的是享受與滿足間的鴻溝愈來愈大，成爲人類永遠焦慮的根

學說。」❽它的影響比盧梭更徹底，盧梭儘管偏重恣情縱慾的論點，他的思想並未完全脫離或否定上帝，但達爾文的進化論一發表，人類對自己的身世開始眞正地懷疑起來，因爲達爾文使整個生命世界都歸屬於自然法則，因此人們不再接受上帝和人是上帝的個別創造物的論點。進化論使人類在合理化的身世故事中觸礁，再度接觸長久以來既有的生命問題：人類在自然界中的地位和他的祖先在整個文明史上的地位究竟是什麼？同時，人類也開始自覺到自己並非無法改造的定製品，相反的，人充滿著進化與發展的可能性。此外更揭櫫「人定勝天」的觀念，相信只要自己能不斷努力，人將可以不斷的進步並提昇其尊榮。進化論和生物學主義眞正把人類帶離神所引導的軌跡，使現代人更自由、自傲、自戀，甚至因狂慢而盲目起來。

達爾文對宗教的打擊是致命的，對人類本身的傷害也是嚴重的，它毀棄了宗教原先用以支持精神生活的堡壘。因此，在另外一種精神生活方式未建立起來之前，人類即面臨著愈來愈嚴重的精神危機。而心理分析的研究正朝著這種精神生活的重建邁進，研究幸福和提昇之道，他們所提出的愛、強壯的自我、自我實現、超越等等，是人類未來的康莊大道。

人類對自己知道的愈多，失落感和徬徨也愈多，在此情況下，心理分析的目標就是以「自我」來主導自己，而不以屈服或敬畏上帝的權威來建立道德。他們從研究中得到結論：人既然從上帝及種種權威中解放出來，獲得了自由的機會，就得以自己爲主人、豐富自己、強壯自己，使自己能愛別人、行公義、勇敢而不逃避、清醒而有創造力❾。這個目標和進化論是相通的，我們可以說進化論破壞了過去天人的和諧，同時也啓發心理分析學家研究人類自求多福和自我提昇的觀念，佛洛伊德說：「當時最熱門的達爾文進化論深深地吸引著我，它使我對世界有了更進一步的了解和希望」❿。從佛洛伊德的學說中可以發現，他幾乎用生物學和解剖學來處理心理問題，例如將心理分析爲意識、前意識和潛意識三個層次，同時把人格區分爲本能、自我和超我，他所謂的心理地形學，實際上就是解剖學的化身。同時在人性發展終極目標上，則採取進化觀點，其主要見解是：發揮潛能、自我實現。儘管心理分析學家對此目標所用的名詞不同，但其本意都是「進化」。心理分析學家相信，只有不斷的豐足和成長，人類才有幸福，退化和防衛性反應都是人類的窮途末路。

從科技的發達、自由與浪漫思潮、激烈競爭的生活、以及達爾文的進化論等幾個角度，可以看出心理分析所以發展的道理，同時也可以了解到以後心理分析在人文社會學上所扮演的角色，當然也不難明瞭其在教育上的價値和意義。

理論基礎

欲充分了解心理分析，首先要摒除對某一心理分析理論的執著，從整體發展和全貌上下工夫，做一「意義豐富」來把握，必須注意心理分析的共同目標、方法、信念和價值觀念，心理分析學家們因人、事、時、地之不同，對於人類行爲所提出的見解略有差異，但它的意義則無二致。佛洛伊德說：「我嘗試建立超心理學，這是一種把每一心智過程，都以所謂的動力學、地形學和經濟學三個座標加以衡量，以解決問題，這種方法看來無異代表了心理分析所達到的更高目標」⓫。人類的心理生活和行爲隨著社會文化變遷而異，對動能和需要的見解往往因之有別，但心理分析的理論基礎仍然離不開地形學的、動力學的和經濟學的三個範圍，茲分述如下：

□心理地形學：意識、前意識和潛意識

心理分析學自佛洛伊德開始，即將心靈的意識內容分爲意識、前意識和潛意識。所謂意識是由個人所知曉的心理內容組成，它與前意識和潛意識內容比起來，在份量上少得多，意識的內容不斷在改變，有些從感官中輸入，大部份則從底層升上來，通常前意識透過聯想便可浮昇到意識層面，它是人類記憶的根源，如果前意識受到壓抑，便無法回到意識層面。因此，遺忘顯然與壓抑有關，而壓抑和超我(super-ego)所主持的「檢查站」，又有密不可分的關係。根據這個觀點，如果一個人的前意識和潛意識，能通過聯想而暢通無阻，它的心智功能和創造力必然提高，對其心理健康亦有很大的裨益。

潛意識是心理分析學最主要的發現之一，它是心靈上晦暗和神秘之所在，佔據心靈最大的部份，並在不知不覺中支配日常生活，影響個人能力和判斷，因此有些心理分析學家稱它是命運的主宰。潛意識內容的來源有二：其一是被壓抑的意識素材、情緒和原始慾望，其二爲從未意識過的本能，榮格稱爲社會潛意識，其爲文化的一部份，在冥冥之中支配某一特定人群。它可以說是人類「思想」或心智之外的心聲，在暗中或不經意時悄悄地出來支配行爲，潛意識的作用與心智過程有別，但卻與之息息相關[12]。潛意識、意識和前意識都不能視爲單純的心智現象，與其稱爲心智，毋寧稱爲心理(mental)過程。

目前所知，潛意識對人類行爲之影響可以是一種支配，也可能是一種干擾，至於如何支配與干擾則尚難定論。不過，心理分析學家們均認爲潛意識是一種心理過程的集合體，記憶的棄置場，個體心理活動的動能，心理現象的變化系統，被遺忘的心理世界，同時也是人類行爲的幕後主宰。它能限制我們的自由，導致對生命的厭惡和絕望，我們卻對之無能爲力[13]。潛意識像是一位暴君，威力之大可以載舟覆舟，掌握人類生長或敗壞的命運，因此許多心理分析學家認爲應對潛意識做積極的因勢利導，不能以宿命論的觀點任其發展，人類只有以審慎的態度研究並尋求駕御之道，才能步向幸福和完美。

由於潛意識對人類行爲影響太大，因此在教育上有兩點必須特別注意的，那就是瓊斯(E.

Jones)所說的：必須引導它往建設性的方向，期使發揮創造力和潛能。倘若誤導了它，勢必造成不幸和疾病，非但不能展釋潛能，反而需要治療。其次，教師必須懂得開拓學生的潛意識，人類如果不主動運用它，它將以無比的力量奴役人類。潛意識具有此般潛力和重要性，無怪乎魏克夫(E. Weisskopf)要說它是人類所擁有的龐大而亟待開發的精神富源[14]。

□心理動力學：人格的結構（本我、自我和超我）

佛洛伊德把人格分爲三個部份：即本我(Id)、自我和超我。以後的心理分析學家也沿用不誤，他們將本我、自我和超我看成一個關係密切的三人小組。本我像一個活潑的兒童，凡事都希望即刻獲得滿足，它是動能的主要來源，佛洛伊德把動能叫「利比多」(libido)，受快感原則(pleasure principle)支配。本我是與生俱來的，與物種和遺傳有密切關係，本我位於潛意識內，當機體受到內在或外在的慾望刺激時便緊張起來，並即刻需要解除緊張，如不能解除，便轉換爲幻想。由於我不與現實接觸，因此它是非理性，不屬於道德的，是人類原始獸性的根源。依佛洛伊德的看法：「利比多的主要內容即性(sex)，是一切快感的基礎。」後來的心理分析學家，將它做了推廣性的解釋，例如阿德勒認爲動能的主要內容是力爭上游(will to above)，榮格認爲是一般生命力(general life urge)，沙利文認爲動能是兩個因素作用的產物，其一是對安全與滿足的需要，另一是對個人行爲有影響力的人的影響，至於羅洛梅則認爲動能的主要內容爲原始的生命力(daimonic)。換言之，兒童或成人是以他的能量去追求需要的滿足和快感，其活動受有影響力的人之贊同與否所約制。至於弗洛姆則將動能解釋爲追求自由與逃避自由、創造和退化的力量；動能受需要支配，需要則包括愛、認同、關聯等等，弗洛姆稱這些高級需要人本需要(humane needs)。儘管心理分析學家對動能的看法不一，但就其本質而言，都把「動能」當做追求某些需要的力量，所提出的不同見解，均可視爲「慾力」的一種，都是人性中「動能的集合體」的一個因素。本我的本質是：「我要！現在！」由於它含藏著許多動物性、原始性和反社會文化之慾求，以致不能樣樣獲得滿足，因此常因壓抑而轉換爲潛意識，並以改頭換面的方式出現，而影響個人的行爲。夢、日常生活的失誤和遺忘，均可追溯到壓抑或遺忘的根源。

自我是從本我中分化而來，它遵行現實原則(reality principle)，藉著與現實情境的接觸，以及認同吸收父母或所敬佩人物的種種特徵和行爲特質而形成。因此，幼兒的自我非常脆弱，必須長大成年後才漸漸地健全起來。自我在作用上是本我與超我的仲裁者，它能協調本我與超我的衝突，並駕御兩者的運作。在本我、自我和超我之中，它是一個最了解生活世界的智者，其任務是「現在讓我弄個清楚」，弄清楚不但能協助滿足某一慾求，對不能滿足的本我也可因之緩和緊張。此外，弄清楚也可使超我的壓力緩和下來。因此，有強壯的自我才有健康的人格，弗洛姆所謂自覺(awareness)、禪師所謂的「悟」，以及一般所謂的處事能力，均決定於自我的功能。佛洛伊德認爲心理分析的最終目標是「何處有本能，何處就該有自我」。教育的工作同樣是爲了培育學生有強有力的自我，如能讓自我這個「明上座」顯現其「本來面目」，則必然是一個智者，同時也必定是一個仁者和勇者。爲了培育健全的自我，弗洛姆教人充分的誕生(full born)，榮格教人自我實現，最近的人本心理學(humanistic psychology)則教人學習獲得成功的經驗。

超我大部份屬於潛意識層面，負責辨別「應該和可恥」，它所根據的是對權威的懼怕，而非良知和理性。因此，眞正的道德應委由自我來決定，超我所作的決定固然能符合社會規範，但它的決定並非基於明辨和眞理，而是基於對權威的屈服和順從。超我的本性是霸道的，隨時發號施令如「應該」「不可以」「這是高尚的，那是卑鄙的」，它是意識之流的檢查者，凡是不合社會規範的，均因懼怕而予壓抑，檢查有時在潛意識中進行。依心理分析學家的看法，超我是外在權威內在化的結果，它源自父母的管教、社會的限制、訓誡和忠告，最後形成了檢查站，專事負責排除它認爲不道德或不應該的慾望，將之壓抑到潛意識的萬丈深淵。超我帶給我們慣常遵行的規範，卻易使我們喪失很大的心靈生活空間。同時過強的超我也易於造成焦慮，並阻礙創造力的發展，許多原創性的思考，都因違反社會現成規範，在萌芽時就被超我壓抑下去。

□心靈的經濟學：本能及其轉換

本能是個體內部突起的先天性驅力，由身體的需要或狀況所引發，朝向某一目的對象推進，造成一種興奮或緊張，在需要獲得滿足時即恢復原來的平衡狀況。唯人類的生活未必事事順遂，不免對本能產生壓抑，壓抑一旦發生，本能的「能量」就流入潛意識，成爲無法意識到的材料。因此，焦慮是本能不得滿足時所產生的緊張。本能或慾力有時可從某一對象轉換爲另一對象，由某一型式轉換爲另一型式，這種現象使人類的行爲變得具有可塑性和多變性。一般說來，心理分析學家都認爲人類的興趣、道德、習慣和態度均爲本能衍生出來的產物，本能爲一切心理或精神現象的基素。

佛洛伊德將本能分爲生的本能(the life instincts)和死的本能(the death instincts)，它代表人類求生和求死兩種傾向和勢力。求生本能的主要內容是性，但以後的心理分析學家則擴大解釋爲人性需要；死的本能則爲求生能量受到嚴重挫折時，被迫使走向求死的傾向，自殺、毀壞和暴力都是求死本能的作用。因此教育應引導學生的能量走向積極成長，給予成功的機會，適當滿足其人性需求，避免打擊、挫敗和嚴格管訓。禁錮和管訓，不但不能引發學生興趣，發揮創造潛力，反而因挫敗、防衛、壓抑，使能量抑入潛意識，走向死亡或暴力。

□童年經驗的重要性

個人的過去經驗常因壓抑轉換爲心理疾病或某種特殊性格，不自覺地表現於日常生活之中，因此，過去的經驗對個人的性格有無比的重要性。以快感慾求而論，快感的部位隨著兒童的發展階段而異，初生嬰兒的快感集中於口腔，因此哺乳的方式如嚴格的定時哺乳，或隨時的哺乳，均影響嬰兒未來的性格，嚴格的哺乳方式，使嬰兒固著於口腔期，成爲口腔性格，其特質爲好吃、愛批評和多話。又如年齡一至三歲的幼兒，快感部位集中在肛門，排便是他的快感，父母對他的排便訓練成爲重要的經驗，由是父母親對幼兒排便的注意，無形中使兒童認識了排便是他與父母親溝通的方式之一，因此嚴苛或責打的訓練方式，可能成爲日後固著於肛門性格的原因，而肛門性格的質性是吝嗇、自私、頑固，嚴重者會造成戀屍症、暴力等病症。以後的潛伏期和性器期，亦各有其快感內容，適應上的不妥，均可能引起性格的異常。當然，人類的慾求和需要並不止於快感的享樂原則，其他如追求成功、自我實現、自尊、安全感、認同等等，都造成個人經驗，良好的經驗帶來滿足而獲得成長，不好的經驗因挫折而固著(fixation)或退化(regression)。教育的目的在於促進兒童不斷的生長，使兒童成爲豐足感、有能力的個人，因此在教學上，必須提供成功、安全、自尊等經驗，過多的挫敗將造成不幸的人生。

□心理決定論

在佛洛伊德以前，人們普遍認爲行爲係由心智和意志決定，因此每個人應對其行爲負完全責任；心理分析則一反傳統的看法，認爲行爲的決定因素，不只是權衡利害關係的意志，過去經驗所構成的性格，扮演著更重要的角色。某甲喜歡競爭，並非表示他的意志決定他去競爭，而是過去不安全感的轉換使他去競爭。某乙處處禮讓，人皆稱讚其修養，但眞正的原因可能是退卻和逃避。因此，伯夷、叔齊逃遁首陽山是「義不食周祿」抑或逃避責任？韓愈的諷刺諫正是因爲守正不阿抑或合理化的反應？陶淵明的「歸去」是隱居抑或逃避等等，從性格和動能的角度去了解，答案是不難領會的。人類行爲的方式幾乎決定於心理因素，心理分析學家稱它叫做「心理決定論」(psychological determinism)。再就戀母情結(oedipus complex)和戀父情結(electra complex)而論，前者是男孩期望擁有母親，並與父親抗衡的慾望過程，後者則爲女孩期望接近父親並與母親抗衡的慾望過程。由於幼兒的種種本能傾向，使男生因而向父親認同以學習父性的種種行爲，以爭取母親的寵愛，女孩則與母親認同，期以獲得父親的寵愛，其認同的過程是心理動力使然，而非意志和心智使然，心智對行爲的影響，充其量只不過是聽從「心聲」去完成目的而已。又如弗洛姆所提出的追求自由與逃避自由的矛盾，也是「心理」的而非心志的，他說：如果個人在追求自由的過程中，不能自我實現或充分誕生，則可能採取退卻或放棄自由的傾向。這種傾向表現於行爲上，則爲重秩序、固執、怕變化、喜愛暴力控制或高壓籠絡等行爲特質。弗洛姆認爲希特勒(A. Hitler, 1889—1945)就是具有這種性格的人，他懼怕自由並患上自戀症(narcissism)。當他把自己的性格帶上政壇時，德國便開始了集權統治、窮兵黷武的命運，第二次大戰期間，希特勒對待他的政敵、戰俘和猶太人，眞正表現了殘忍的態勢。性格是一個人的命運，同時也是一個人能否行公義、愛袍澤的主要動力。從心理發展的立場來看，道德教育和情感教育，心理決定論不失爲教育上的金科玉律。

心理分析的演變

依上所述，心理分析學家係根據社會的變遷及影響人類行爲的種種內在因素，以求了解人類的行爲，因此它的理論無可避免地具有演變性，茲舉其演變之犖犖者如下：

首先它在研究上，是由生物學取向轉向人本取向：如前所述，早期的心理分析理論頗受生物學主義的影響，因爲十九世紀是生物學和解剖學最受矚目的時代，其研究方法對各種學術研究，均有決定性影響。佛洛伊德是個醫生，其受生物學的影響尤深，在其理論中，以解剖學的觀念將意識分爲意識、前意識和潛意識，並用上層和下層來說明。他所提出的快感原則和本能的觀念，可以說是直接承襲生物學，又心理分析所提出之個體發展階段，亦受生物學的啓示。由於以後的心理分析學家漸漸注意人類特有的需要，例如阿德勒提出「力爭上游」，榮格提出自我實現，羅洛梅提出原始生命力和弗洛姆提出愛等等，心理分析才慢慢轉移到人本取向的研究，並注意社會性格對個人行爲的影響力。心理分析在研究取向上的改變，並不意味著放棄生物學的基礎，而是在研究的視野上，擴展到對人本因素的考慮。

其次，心理分析由原有的治療學轉爲拯救性的教育工作：固然他們由治療起家，其理論大抵得自醫療經驗，早期的心理分析學大師如佛洛伊德、榮格、阿德勒均爲醫生，因此所提出的見解，均不離本行，其本義也是治療學的，他們完全從觀察和了解病人的反應中建立理論，因之被許多心理學家如馬斯洛(Abraham Maslow, 1908—1970)批評爲病理的心理學理論，但自從霍妮(K. Horney, 1885—1952)、沙利文、弗洛姆及羅洛梅等人相繼對心理分析提出補充之後，心理分析已不局限於醫療，同時也兼顧到人類精神生活的提昇等文化工作。

佛洛伊德時代，心理分析所負的任務是對疾病患者的治療工作，所治療的心理疾病大都是恐懼症、強迫症(compulsions)及歇斯底里(hysteria)等。患者有明顯的症候，不能與常人一樣發揮社會功能和良好適應，因此，精神分析的整個概念是病症→治療→痊癒→健康。但自兩次大戰以來，資本主義社會的畸形發展，終於造成了所謂「緊張的時代」，加諸宗教的解體，政治上的無能以及「組織人」的出現，剝削了人類賴以生存的認知心向與和諧的生活態度，結果大批的心理病出現了，他們在社會功能上照常運作，但卻時時感到倦怠、死氣沉沉、生活無能、不愉快、婚姻不幸、焦慮緊張、不堪寂寞，以及對工作的無能感、失眠、躁鬱等等，這些病症是當代文化的產物，也就是當今正在向世界各地蔓延的時代病⑮。約在同時，羅洛梅於一九六九年出版《愛與意志》(*Love and Will*)一書，便說明了現代人心理生活的割裂(schizod)，這種人與人間失去親密及相互關懷的現象，都是工技社會生活的產物。

心理分析的目的，除了治療那些不能發揮社會功能的病患者外，對那些感情與理智分了家，自己與內在眞質脫節的時代病患者，也負起拯救的責任，期使他們生活得快樂、淸醒、具有回應的能力，而不再以逃避或防衛做爲生活的基本態度。

時代病的核心是疏離，它不是往日的治療技術所能奏效，而應從協助的角度增強其自我功能，使其能克服自私所構成的種種限制，轉而以愛、客觀、謙沖和對生命的敬重去生活，心理分析發展至此，已由治療而兼具教育功能了⑯。

再者，心理分析的研究對象由個人的研究而轉向對社會的研究。心理分析在發展初期，鮮少涉及社會群體的研究，即使在宗教、圖騰與禁忌等方面的研究有所成就，也都偏向個體發展的推廣解釋，例如榮格所發現的集體潛意識，似未超出對個人行爲的研究。直到兩次世界大戰之後，他們鑑於人類的集體屠殺和殘暴行爲，才增強了社會性格的研究，這個研究與社會學結合，成爲社會學理論的一支，弗洛姆的著作如《健全的社會》(*The Sane Society*)等即爲這方面的代表作。

此外，心理分析理論的核心——「動能」，也隨著研究範圍的擴大，而由狹隘的動能觀念走向以人本需要爲主的動能觀念，這個轉變使心理分析理論逐漸周延化。

附註

❶Will & Adried Durant, *The Story of Civilization*（《世界文明史》），第卅三冊，頁一六。

❷Fromm, E., *Zen Buddhism and Psychoanalysis*（《禪與心理分析》），孟祥森譯，新潮出版社，頁一三一。

❸Jung, C. G., *Civilization in Transition*, Bullingen Series XX Princeton University, 1969, p. 94.

❹Fromm, E., *You Shall Be As Gods*, Holt Rinehart and Winston, 1966, p. 15.

❺《世界文明史》，第卅二冊，頁二九三。

❻同上，頁二九三。

❼《世界文明史》，第卅三冊，頁三八二。

❽Downs, R. B., *Books That Changed The World*（《改變歷史的書》），彭歌譯，純文學出版社，頁二三八。

❾Fromm, E., *Psychoanalysis and Religions*, printing in Taiwan.

❿Frend, S., *An Autobiographieal Study*, W. W. Norton & Company, Inc., 1953, p. 58.

⓫同上，頁一一三。

⓬Roberts, T. B., *Four Psychologies Applied to Education*, John Wiley and Son, New York, 1975. p. 5.

⓭Jones, R. M., *Fantasy and Feeling in Education*, New York: Harper & Row, 1908.

⓮Weisskopf E. A., Some Comments on the Role of Education in 'The Creation of Creation', *Journal of Education Psychology* 42 (Mar., 1951), pp. 185—189.

⓯Fromm, E., *The Crisis of Psychoanalysis*, p. 13.

⓰May, Rollo, *Love and Will*, New York, Dell Publishing Co., Inc., 1969, p. 284.

第三章　心理分析與教育哲學三大範疇的關係

教育對國家社會而言，是一項百年大計；對個人而言，是學習安身立命、發揮潛能的過程。因此，教育必須有一套完整的教育哲學，以解釋教育歷程、意義和價值，批判教育的理論與實施，以推求最高的指導原則。教育哲學在思辨教育問題時，往往根據對人類心靈、知識和道德三者的設定而進行，因此，三者成爲教育哲學上的基礎。心理分析對此三大範疇，在論證上提供了相當可貴的資料，使我們對教育的目的、教學歷程和本質，有了更淸楚的認識。它不但導致教育設施上重大的改進，同時也在教育理論上增加了周延性。

心靈的性質與教育

心靈的研究，早在柏拉圖(Plato, 427—347 B. C.)和亞里斯多德(Aristotle, 384—322 B. C.)時代，甚至更遠以前就已開始。當時最普遍的說法是靈魂不滅，認爲心永恆存在觀念世界之中，爲一切知識的泉源，運動的動力，藉著它可直窺觀念和崇尚的價值世界。這種心靈見解，到了笛卡兒(R. Descartes, 1596—1650)發展到頂峯，他將心靈與物質分開，分屬於不同的本體：心靈的屬性爲思想，物質的屬性爲延展，因此他說：「我思故我在。」(I think so I am)這派心靈論在教育上演變成官能心理學(faculty psychology)和形式訓練說，認爲教育的目的在於訓練種種心靈能力，如記憶、判斷、推理、數學等等，教育的目的也偏重人文陶冶和通才教育；教法上也側重記憶、背誦和抽象思考❶。這種教育主張，忽略教材的實用性和經驗性，易造成學習的乏味。

第二種對心靈的見解以休謨(D. Hume, 1711—1776)和赫爾巴特(J. F. Herbart, 1776—1841)爲代表，他們相信心靈是由許多觀念、經驗、感覺和情緒聯合而成，這種見解被稱爲「心靈狀態說」(doctrine of mental)。持此學說的哲學家相信：教育的本質應是建設心靈，而非訓練或啓迪心靈。赫爾巴特是將這種學說應用在教育上最成功的哲人，他認爲舊表象是吸收新表象的基礎，以舊知識學習新知識的過程就是類化；爲使學生易於學習，教師應重視教材的組織和編排秩序。他將教學過程區分爲明瞭、聯合、系統和方法四個步驟❷，後來他的學生戚勒(T. Ziller, 1817—1882)，將它整理成爲鼎鼎有名的五段教學法❸，此一教學方法仍爲今日教育界普遍採用。這派心靈論學者在教育上的最大貢獻是，重視教育之實用性及教材的選擇、編排和教學技巧，所謂直觀教學法也是他們提出的。

第三種心靈學說是唯物主義(materialism)，他們相信心裡除了物質之外別無心靈的存在，人類一切意志與心理程序均是物質的功能。持此見解的哲學家有霍布士(S. Hobbes, 1588—1678)、陶蘭(J. Toland)及以後的行爲主義心理學家如華特生(T. B. Watson, 1878—1958)、巴夫洛夫(I. P. Pavlov, 1849—1936)和斯金納(B. F. Skinner, 1904～)等人。他們相信學習是一種聯結的過程，增強(reinforcement)是學習的關鍵。因此，他們強調教育萬能，並提供了許多教學技巧和行爲校正術，其最大成就是編序教學(program instruction)❹和桑代克(E. L. Thorndike, 1874—1949)的練習教學❺。由於他們把心理看成神經系統的運作，並強調教育萬能，因此反而忽略人性需要的一面。

美國的教育哲學杜威(J. Dewey, 1859—1952)提出實驗主義(experimentalism)，對心靈有一個新的看法，成爲心靈論的第四種設證。他從生物進化的觀點解釋心靈，把意識當做適應環境的工具，其立場接近唯物主義，但另一方面則強調思想的特殊性❻。實驗主義認爲心靈是進化的自然結果，由於他們肯定智慧的特殊性，因而把教育視爲啓發智慧的過程，使學生能應用智慧以解決所面臨的生活問題，依此觀念，教育的本質是一個人的生長(growth)[7]。換言之，教育的目的是爲了個人經驗的不斷改造。此外，實驗主義又提出心靈的主動性，其與唯物主義及心靈狀態說的見解大異其趣，在教學上特重自動學習和試驗，在道德教育上也強調個人的責任，糾正了唯物主義將心靈視爲被動而無視於責任的謬誤。

上述四種心靈學說，除心靈實體說因觀念陳舊較不受重視外，其餘三者在教育理論上均能自成一家之言。惟各派對心靈的見解，僅根據表象的、思考的和意識的層面，從未涉及心靈更深的一層次，而教育思辨又不能以上述四種學說爲滿足，因此，心理分析對心靈研究的價值應運而生，有關潛意識的知識遂成爲教育研究的重要資料。它使教育的目的更加周延，教學的方法更趨完善；特別是「心理決定論」提出以後，教育開始重視「人格教育」，並以之做爲德、智、體、群、情的共同基礎，蓋人格爲個人道德的基礎，所有知識之應用均透過人格而見諸事端，人格教育的提出使教育的內涵擴大，所謂「變化氣質和改變習性」也因之有了眞正的理論依據和方法。此外，「動能」觀念對教學方法和輔導也有積極的啓發作用，它告訴我們心理動能轉換的特殊性，並指出嚴格管教的弊害。今日所謂愛的教育之觀念，承襲於心理分析者殊多。而本我、自我、超我三者功能之健全協調，亦成爲教育上心靈教育的主要目標。

人格在知識上的涵義

對於知識的性質、來源、傳遞和眞假的看法，影響課程設計和教學方法。課程設計者如認爲知識的本質爲經驗和實用，則所設計的課程必然趨向於「爲未來生活做準備」和「實利教育」；如視知識爲內發的觀念，以爲只有從思維中獲得的知識才是眞實，那在課程設計上則走向博雅或通才教育，教育上將著重啓發和抽象思考的訓練，因此，教育哲學極其重視知識本質的檢討。一般言之，對「知識」的本質有下列幾種看法：首先希臘時代的哲學家柏拉圖、亞里斯多德等人，他們相信知識源自人類先天的觀念，人類唯有藉著這些先天的觀念，才能構成知識，這很像我國哲學家孟子所說：「萬物皆備於我也，反身而誠，善莫大焉！」的見解。柏拉圖可以說是提倡西方理性知識論的第一位偉大哲人，強調凡屬眞實存在的，一定是普遍、不變、圓滿而且是統一的，屬於觀念的形式世界，獨立於感覺之外，欲認識之，唯賴理性而非感覺。亞里斯多德亦強調只有理性才能認知，才能綜合完整的觀念。到了笛卡兒則進一步以爲「知識的基礎在於先天自明的觀念，而非由攝取外界感覺經驗的而獲得」，因此一切知識都建立在「我思故我在」的原則上。這種知識論排除了實用和經驗。教學在無形中淪爲訓練理性的工具，教育之實利價值蕩然無存，董仲舒所謂「正其誼不謀其利，明其道不計其功」，可以說是理性主義教育的最佳描述。

另一種與理性知識論相對的學說，被稱爲經驗主義(empiricism)，認爲知識起源於經驗、感覺及反省。古希臘時代普羅哥拉斯(protagoras)說「除了自身感覺和印象外，別無所謂客觀的眞理」，稍後的伊壁鳩魯(Epicurus, 341—270 B. C.)亦持同樣看法。此二人爲經驗知識論的先驅者，但對教育理論並無多大貢獻，直至啓蒙時代的洛克(J. Locke, 1632—1704)，才把經驗主義的內涵眞正地建立起來，主張知識建構於感覺和反省，反對先天觀念的存在。他將經驗分爲單純的觀念和複合的觀念，前者經感官而獲得如色、香、味、形狀等等，後者則由反省而獲得如思維、意慾等，兩者融合則產生快樂、痛苦、存在、價值等觀念，並將觀念解釋爲記憶和想像的知覺。此一學說對教育的貢獻是：重視教育效益、相信教育萬能，在教學上重視教材的實用性及直觀教學❽。它影響了盧梭、裴斯塔洛齊(J. H. Pestalozzi, 1746—1827)、福祿貝爾(F. Froebel, 1782—1852)、蒙特梭利(D. M. Montessori, 1870—1952)以及以後的教育學家。他們的努力造成了近代科技教育的快速發展，但教育和文化卻因此逐漸步向感性的取向，經驗主義是推動近代科技文明的巨人，但也是精神文明日趨枯竭的播種者。

由於理性主義和經驗主義對知識本質的看法持著兩個極端，因而有了實驗主義的出現。實驗主義把知識視爲解決適應過程中遭遇困難的工具，同時也是人類進化過程中施受兼俱的作用。因此，知的作用在經驗中發生，知的結果也在經驗裡表現。人類具有特別的智慧，它在解決問題中產生了知識，用新的知識解決新的問題。杜威對知識的見解和康德(I. Kant, 1724—1804)所謂「沒有內涵的思想是空的，沒有概念的直覺是盲的」相似。人類如果不與環境發生施受的適應，便產生不了知識，當然如無持有的智慧，知識亦無從發生。杜威在教育上提供了「做中學」之思考教學法，其對學生思考的訓練係依「問題解決」的原則設計的❾。

上述三種知識論，均從知識的本身入手去研究，即使杜威的「施受兼俱」之說也只談到智慧的特性而已。此外社會學者如涂爾幹(E. Durkheim)所謂「一切範疇、時空、因果均非先天稟賦，亦非後天經驗，而是從社會生活中學習得來的」，把知識的來源，視爲社會份子共同持有，而對個人行動具有約束力量的東西，認爲知識的來源是「集體意識」的衍生物，這種理性知識之非理性基礎(the irrational foundation of rational knowledge)的說法，究根結底，仍脫離不了知識本位的思考。

其實知識既然爲人所用，在研究知識時，便不能離開人的因素，而人的因素也不限於智慧一項而已。心理分析學家於是懷疑：是否人格不同時，對知識的認知和學習不同？這個問題是上述諸派教育理論家所未曾涉及的問題。顯然，心理分析學家已經注意到知識與人格的關係。

首先心理分析學家發現許多對新奇的事物具有排拒的現象，它構成「先入爲主」或「成見」的主要原因，這種「抗拒學習」的現象阻礙了許多人對客觀事物認知的能力。有時這種抗拒的意識是無法察覺的，它深藏在潛意識的底蘊。歷史告訴我們，往日的基督徒(當然也是教會)，便激烈地排斥科學研究和新知的探討，例如哥白尼(W. Copernicus, 1473—1543)的天體運行論被視爲邪說，列爲禁書達二百年之久；牛頓(I. Newton, 1642—1727)因發明萬有引力而遭驅逐；達爾文因著述進化論而被視爲異端，這些史實說明了人類對新知的懼怕傾向。就日常生活來看，許多人往往用主觀的立場去排斥客觀的認知，使自己的智慧受禁錮，使自己無法做到經驗之不斷改造。心理分析學家相信，一個人的抗拒學習或防衛機轉(defense mechanism)一日不消除，對客觀的認知行爲一日受到限制。

「自我」是一個人理智認知的主體，如果自我的功能不夠好，便無法認清事實的本身，甚至無法接觸到眞理。一個疏離性格的人，無法眞正經驗到人際關係的正確意義；一個自戀者對於愛的體驗和了解往往與常人有別。人格不同，對事物的了解不同，眞理的絕對性因而受到極大的挑戰，因此教育工作者不得不重視人格在認知上所扮演的重要角色。

此外，如同實驗主義者所說，知識是一種解決問題的工具，知識必須能產生能力才具有價值。因此，心理分析學家追問：是否每一個人都能「即知即行」而使問題獲得解決呢？經過心理分析家的研究，發現人類對「認知」往往只做到知性化作用(cerebration)，而不能眞正地發生行動，做到「著乎心，布乎四體，行乎動靜」的目標。教育界目前最苦惱的事是教了漫天大道理，學生也能朗朗上口，卻不能知行合一，這種缺乏體驗的教學，最為心理分析學家所關注。佛洛伊德在治療病人時發現「解釋」(interpretation)無法產生行為的效果，也不能產生「經驗之改造」，於是改用分析的「過程」，以體驗和再學習的方式，進行其治療工作。學校教育又何嘗不應提供體驗的過程，使學生發生眞知以產生能力？最近在教學上特別重視學生學習過程之設計，顯然是受心理分析理論的影響。

心理分析並沒有提出一個完整的認識論，但他們的研究卻讓我們注意到知識與人格的關係，最近所謂「人格化」(personalization)的教學，實係心理分析學的偉大貢獻之一。

道德教育在心理分析學上的意義

道德教育是人類行為規範賴以維繫，且不斷人性化的力量，其成敗影響某一特定社會團體的風俗及社會性格。因此，教育學家對道德教育不得不拳拳服膺。為辦好道德教育，無不先從道德本質的研究著手，憑之以訂定道德教育目標和教學方法。道德的探討大抵從幾個方向進行，例如道德判斷的對象是動機抑或行為結果？善的標準是什麼？道德行為動力是什麼……等等，由於教育學家對道德的本質見解並不一致，因而有了快樂主義、嚴格主義、實驗主義等不同的教育理論，其爭執點構成道德教育的分歧。

快樂主義的教育家認爲快樂即是善，痛苦即是惡，他們根據約翰・穆勒(James Mill, 1773—1836)、斯賓塞(H. Spencer, 1802—1903)及邊沁(J. Bentham)等人的見解，認爲過去的經驗曾發生快樂的結果即是善，發生痛苦的結果即是惡，其層次等級均依快樂和痛苦的程度而定，因此，人慾的滿足即是道德價值的所在，行爲的結果即是判斷的標準。基於這個價值標準，道德教育的目的應是「好行爲」的結果，而非訓練「好意志」，因此在教學方法上使用獎賞和懲罰，在訓練的程序上，則由外在制裁漸漸轉移至內在的制裁，由苦樂的計較進而走向正義感的養成⑩。快樂主義和心理學上的行爲學派頗多相似之處，其最大貢獻爲行爲訓練的方法，但由於太注重行爲而忽略意志，未始不是一個缺憾。

第二種道德教育學說是嚴格主義，爲康德等人所主張。他們認爲道德判斷的對象是動機而非結果，行爲與道德無關，因爲它受外在條件的制約，故難以把握，唯有意志才是當事者自己的決定，才是道德判斷的主體。至於善的標準，嚴格主義者認爲應以能否「依規律行事」爲準，所謂規律是先驗的、不變的、普遍的和自明的，每個人均有先驗規律的能力，它即是與生俱來的理性。道德權威則爲經由理性所發出的義務感，它是內發的而非外予的，如果透過外力而建立權威，則非善矣。據此道德教育的實施必須是：第一，道德教育的目的不是訓練行爲，而是訓練意志，使慾望服從理性，對善產生義務感。第二，訓練的方法是賞罰，程序上由格律的服從，漸漸及於義務感的建立。第三，強調意志的目標(autonomy of will)，期使學生自律自愛⓫。由於嚴格主義重意志而輕行爲，往往徒有意志而無善行的現象，又由於過份強調理性，往往造成感情和理智脫節的危險。

杜威爲了調和兩種道德觀念，從進化和工具的角度處理道德問題，他說：「判斷的對象首先在於存心或預想的結果，最後在於獲得的預料結果」，其判斷對象包括了動機和結果。他對善的看法非常特殊，既不以享樂爲價值標準，也不以服從意志爲依據，他主張「個人慾望之滿足與社會公衆慾望之滿足不相衝突時，便是善」，至於道德認知問題，他提出道德情境的特殊性，每一道德行爲均有其特殊判斷，因此教育上必須注重陶冶道德的智慧與行爲，培養的方法是從實際生活中培養之⓬。據此學說，教育的目的就是培養一個有行動力量的品格。

一般論者咸以爲杜威的學說已調和了兩種不同的道德教育爭論，但調和是否代表著對道德教育的充分了解，則不無疑問。固然不錯，杜威同時注意了慾望和行爲結果，將個人與社會慾望同時考慮，但個人的慾望和社會不相衝突是否就是善，亦令人置疑，比如往日的愛斯基摩人借妻的行爲，即爲本身的意願又爲其社會所接受，但其行爲則未必是善。因此，杜威的道德哲學亦未盡理想。

上述三種學理，係從慾望、理性和行爲三者著手討論。因此無論從任何道德設定均不易獲致周延的理論；將行爲結果和動機視爲兩個極端，或者勉強將兩者權予撮合，均易陷於論證上的困難。心理分析對道德的看法完全奠基於健全的人格，認爲道德教育即是人格教育，一個人有了健全的人格，就能清楚地判斷，能負責、能愛人，所有經過防衛機轉和合理化的僞善絕非道德行爲。

關於道德權威問題，心理分析學家也有獨特的見地，他們認爲「外在權威內在化」所建立的道德意識，弗洛姆稱爲「集權的良心」，往往只是懼怕權威而從善，一旦權威發生動搖，道德行爲便無置根之處。此外，如果「超我」的權威過於強大，則易於造成種種焦慮和不安，使一個人喪失活力的朝氣。

其次羅洛梅和弗洛姆對道德的標準也有深刻的解釋，認爲健全的人格特質是「愛人的能力」，愛的特質是給予，給予的條件爲「自我的豐富感」，據此，道德的動力是弗洛姆所謂的「充分誕生」，亦即完美人格。由於道德教育等於人格教育，人格發展的條件成爲道德教育的基礎，於是愛、成功的經驗、自我實現成爲道德教育的主要過程。由於自我實現奠基於成功的經驗，成功的經驗有賴於因材施教，兩者均源自愛，因此愛成爲道德教育的動力。榮格也把愛解釋爲倫理行爲，它不是性的放縱，而是一種犧牲或奉獻，如果愛不是奠基於此，它將妨礙愛的能力之成長⓭。

關於「愛」，弗洛姆分析得最爲透澈，他認爲愛——人道的良心具有四個基本素質，那就是關懷、尊重、負責和了解⓮。所謂關懷是指主動關懷學生，責任是對學生的需要隨時準備反應，尊重是根據學生的本質去關懷和負責，了解是以豐富的知識去了解學生的狀況。教師必須以愛去從事道德教學，道德教學的目標則爲喚起學生愛人的能力。此外，心理分析學家在道德教育上提供了人格化的教學方法，他們相信所有的品德，必須從活動和體驗中納入人格，才能眞正陶冶出行善的能力。

附註

❶吳俊昇，《教育哲學大綱》，商務，頁五五。

❷Herbert, J. F.著，《普通教學法》，尚仲衣譯，商務，頁七三。

❸五段教學爲戚勒弟子來因加以修訂成爲：預備、提示、比較、總括和應用五段。

❹Skinner, B. F., *The Technology of Teaching*, Appleton-Century-Crofts, New York, 1968, p. 29.

❺Hilgard, E. R. & Bower, G. H. *Theory of Learning*, Prentice-Hall, Inc. Englewood Cliffs, New York, 1975, p. 23, 213.

❻Dewey, J., *Democracy and Education*（《民本主義與教育》），商務，頁二六一。

❼同上，頁八八。

❽同❶，頁一二二。

❾同❻，頁六一二。

❿崔載陽等著，《教育哲學》，師大，頁八五。

⓫同上，頁八七。

⓬同上，頁一三九。

⓭Jung, C. G., *Civilization in Transition*, Bullingen Series XX, Princeton University, 1968, p. 112.

⓮Fromm, E., *The Art of Loving*（《愛的藝術》），Printed in Taiwan, p. 26.

第 2 篇 人格、心理動能與人本教育的歷程

提要

尼爾說：「我們必須認清，一個幸福的人是不會有敵意、破壞、歧視別人與格格不入的現象，只有人格不成熟的人，才會逃避現實，做過度的防衛反應，有時做出傷天害理的事來。罪惡、恨、不安和敵視均源自不幸福，而不幸福的根源就是自我的潰敗。」因此，我們需要一種能帶給我們子子孫孫幸福的教育，那就是人本教育。

教育歷程中，無論教材、教法、教育情境，乃至教師的態度，都應配合人性、符合心理動能及學生發展的階段，否則就不是教育。在教育過程中，教育愛和創造力是兩個要項，而心理分析則告訴我們，惟有教師的愛和創造力才能喚起學生的愛和創造力。

本篇以心理分析的原理，詳細討論教師與父母所不可不知的教育原則與方法。

第四章　人本價值與教育取向

人本價值在教育上的意義

教育之價值取向，是教育目標、課程和教學設計的基礎。價值觀念的差異，導致教育主張之不同：例如實利主義者把教育當做生活準備的過程，教育偏重生活智能的傳授；理想主義者將教育視爲「改變習性、變化氣質」的過程，其教學重點則在博雅涵泳；於實驗主義則又與上述兩種取向不同，認爲教育是協助個人生長的過程，因而持重「經驗的不斷改造」和問題解決能力的培養。直到最近，教育思潮分爲三大分主流：進步主義(progressivism)、精萃主義(essentialism)和改造主義(reconstructionism)，亦因價值取向之不同所致。

心理分析之問世，為教育學者提供了寶貴的人性知識，導引人本價值之受重視，使教育走上人格教育的取向，成為人本教育(humanistic education)之先導。夏山學校是尼爾根據心理分析學的價值觀創辦的，其教育信念為：教育應使學校適應兒童，而非以兒童順應學校[1]。只有學校適應兒童的本性施教，方能協助兒童發揮潛能，獲得自我實現；如以兒童順應學校，兒童能力必遭壓制，壓制本身就是一種不幸的開端。尼爾說：「問題兒童是不幸的生活造成的，他們不能接受自己，敵視社會，與問題成年簡直如出一轍。我們必須認清，一個幸福的人是不會有敵意、破壞、歧視別人、與人格格不入的現象，只有人格不成熟的人才會逃避現實，做過度的防衛反應，有時甚至做出傷天害理的事來。罪惡、恨、不安和敵視均源自不幸福，而不幸福的根源就是自我的潰敗。」因此，教育必須從成功的生活中學習種種生活的能力，一味重視實利知識而忽略人格培育，將導致教育之全盤失敗。

自我是處理日常生活問題及一切創造活動之主宰，強壯的自我才有接觸和回應(contact and react)生活的能力，才有好奇和審慎的態度，因此人格的教育乃教育之重點。吉諾特(H. G. Ginott)說：「親愛的老師，我是集中營的倖存者，我的眼睛能看到一般人未見之處：瓦斯房是由博學的工程師建造的，兒童是由受過教育的醫生毒死的，嬰兒被訓練有素的護士謀殺，婦女和嬰孩被知識份子射殺焚燒，所以我懷疑教育。我的請求是：希望你們幫助學生做個有人性的人，永遠不要讓你們的辛勞製造出博學的巨獸，身懷絕技的精神病人，或受過教育的怪人。讀寫算等學科只有用來把我們的孩子教得更有人性時，才顯得重要。」❷心理分析的人本價值，在教育上所建立的信念是：健全人格或完美的人爲教育的最高目標。

人本教育取向的內涵

基於人本價值取向，教育應該根據兩個原則決定教學內容：其一是發展潛能，其二是個人之個性化和社會化。根據這兩個原則，教育應包括以下目標，即：培養良好態度、發展自我、啓發創造化、了解自己、發展人際關係，以及培養情感、想像和遊戲等能力。茲說明如下❸：

㈠**培養良好態度**：旨在培養個人對自己和對社會的平和態度，使學生充滿希望、愛和生活的智慧。這種態度哈佛大學心理分析學教授艾利克遜(E. H. Erikson)稱它叫「仁者之風」(humanist frame)，據他的看法，培養這種氣質必須配合兒童發展階段涵治❹。

發展階段	**應培養的態度**
嬰兒	信任
兒童前期	自動

兒童期	創造
少年期	勤勉
青年期	一致性
青年後期	群性
成年期	家庭倫理
成年之後	自我的統整

人類之發展階段，均有其特殊的心理反應和需要，教育應配合學生的特殊情況，培養其最適合發展的態度品質。

㈡**發展自我**：培養強壯的「自我」是教育上最重要的任務，同時也是教師的天職。「自我」發展的情形與個人能否把握自己的本質，發展自己的興趣和能力，緩和本能的衝動，協調本我與超我的關係有關。它是正常人格最珍貴的部份，如果沒有良好的自我，便無法認淸事理，道出事物之眞相(telling it like it is)。心理分析學家對發展自我的共同看法是：愛、消除懼怕和給予成功的機會。

㈢**啓發思考**：啓發積極和創造的思考能力，除了一般所謂思考教學或訓練外，心理分析學家特別強調心理因素。他們認爲欲獲得創造思考的能力，必須先使其從神經症候中解放出來，例如一個焦慮性格的人，其思考和判斷力將受焦慮的影響，而無法成功地學習，因此教學之前必須先解除學生的焦慮。

㈣了解自己和增進人群關係：了解自己是情緒成熟的先決條件，同時也是了解生活世界的基礎。了解自己才能保持自己的本質與優點，人與人之間無論性向、能力或性格均有不同，史魏爾(D. L. Swell)說：「個人不同就是不同，不同談不上比較好，也談不上比較壞。」❺每個人都須了解自己而後接受自己，教育應幫助個人體驗到柏恩(E. Berne)所謂「我之爲我是好的，你之爲你也是好的」，如此才能走向成功和肯定自己的本質。教學上，教師應協助學生找出自己的嗜好、希望、優點和價值，並依成功的經驗、人格特質及種種條件，選擇屬於自己的工作和生活。此外，人際關係是使自己免於失落，並保持與人溝通的基礎；有了溝通，個人才有安全感，知識才不斷地累積和改造，「獨學而無友，則孤陋而寡聞」，溝通是進步和成功的重要途徑。

㈤發展想像、情感和遊戲等心理特質：心理分析學家克比(L. Kubie)在其所著〈創造過程的神經性扭曲〉一文中強調「靈感」(cogito)在創造思考上的重要性，它是前意識所展現的靈光，是創造思考的前身，往往把兩個原本無關係的觀念結合在一起，領悟出解決問題的方法或技巧，想像力必須從平常的學習過程中培養，它在教師的鼓舞和支持中不斷地發展。情感和遊戲是情育的基礎，爲了避免感情與理智疏離，遊戲成爲重要的教學活動。

教育情境和教育機會

情境影響學習態度和效果殊大，學校的氣氛如果是活潑、生動和自由的，則有助於學習；如果是呆板嚴格的，則易導致對學習的厭惡。教育情境雖與學校建築和校園佈置有關，但最重要的還是精神和情緒上的氣氛。這方面泰勒(L. Tyler)曾提出極有價值的建議，他指出學校最重要的氣氛是：開放(openness)、接受和允許❻。開放不是漫無秩序，而是讓學生有充分機會參與學習秩序的建立，活用其創意並表達其感情。開放情境下的學生所扮演的角色是參與而非被教，它使師生的溝通改善，易於彼此了解，且學生的主動性、好奇和負責的勇氣也較易流露出來。反之，嚴格的約束像泥模一樣，把學生訓練成定型，其潛能自無發展的可能。孔子說：「君子不器」，在一個開放的社會裡，實不宜用嚴格管教的方法，將學生訓諫成一個固定的被造物。此外，學生的稟賦不同，應依其能力、性向加以培植，才能使每個學生獲得成功，史魏爾說：「你根本就注定與衆不同，只有與衆不同，才會顯出你之所以爲你……你才能發揮你的優點而成功。」❼學生學習自我實現的條件，無疑即是開放的學習環境。

其次，接受是教師幫助學生建立自信最好的途徑，教師有了接受的美德，學生才有自尊和溫暖，教師選擇學生的優點予以讚美，對其過錯予以支持性的糾正，信心很快便可建立起來，其優點也會順利地展露。此外允許是經驗學習(experience learning)的條件❽，它使學生勇於試探自己的能力。

開放、接受和允許初次引入學校，難免要發生許多困擾，惟教育工作必須認清：學校沒有困擾和問題就沒有改進的機會，教師不應擔心開放的情境所帶來的問題，所擔心的應是學生們一進入開放的社會後，是否確能適應、發揮所長、行公義、愛鄰人、守信用。學生在學校裡所發生的問題，正是學習的機會，語云「亡羊補牢，猶未遲也」，在學校裡做補牢的工作也是教學的一項重要任務。

心理分析學家羅杰士(D. J. Rogers)認爲：懼怕是教育的死敵，但教師和父母卻愛用懼怕以制止學生犯錯❾。其實懼怕所建立的約束力相當有限，如果一個人不能明辨是非，而靠懼怕來維持遵守社會規範，則一旦監督不周，就不能保持「愼其獨」的美德。《禮記・中庸》云：「君子和而不流，強哉矯。中立而不倚，強哉矯。國有道不變塞焉，強哉矯。國無道至死不變，強哉矯。」欲培養這種守正不阿、「威武不屈，富貴不淫」的道德勇氣，學校萬不能以懼怕做爲教學手段。

教育機會是心理分析學家所關心的問題，民主的思潮帶來平等與人權，因此民主國家無不把教育機會平等視爲教育準則。惟泰勒則提醒我們：相同的機會未必就是平等的機會，父母將子女送至學校，如不能「日知其所無，月無忘其所能」，即等於沒有提供機會。學生個性不同，能力也不同，如果提供相同的教材，必然使許多學生喪失學習機會。教育機會是一個實質問題，而非形式問題，教育所應給予的是個人的眞正學習機會。

附註

❶Neill, A. S., *Summerhill* New York: Hart Publishing Co., 1960, p. 48.

❷Ginott, H. G., *Teacher and Child*（《老師怎樣跟學生說話》），許震玉譯，大地出版社，頁二〇七。

❸Tyler, L. L., Curriculum Development From A Psychoanalytic Perspective, *Educational Forum* 36 (Jan., 1972), pp. 173—179.

❹Eridson, E. H., *Youth and The Life Cycle*, Children No (Mar.-Apr., 1960), pp. 43—49.

❺Swell, D. L., *Success*，（《成功》），邱奕銘譯，遠流出版社，頁九。

❻同❸。

❼同❺，頁五。

❽Tyler, R. W., *Basic Principle Curriculum and Instruction*, University of Chicago Press, 1969, p. 63.

❾Rogers, D. J., How to Teach Fear, *Elementary School Journal* 72, No. 8(May. 1972), pp. 391—395.

第五章　動能理論在教學上的應用

動能與教學

教學是幫助學生學習的過程，是達成教育目標的手段。各派教學理論，均強調啓發教學的重要，誠如孔子所說：「不憤不啓，不悱不發，舉一隅不以三隅反，則不復也。」啓發一直像經典般被視爲教學的圭臬。然而，心理分析學家從診療經驗中懷疑啓發法的完美性，他們發現啓發往往只造成「知性化」的認知，未能確獲眞正的能力，行爲學派心理學有鑑於此，而設計了編序教學和行爲目標(behavioral objectives)等教學策略，將能力、行動和目標加以整合，使學生確能在學習過程中獲得「即知即行」的知識或能力❶。然而行爲學派所設計之教學，大抵偏重於對已知知識的傳遞，雖能糾正啓發法的缺點，卻又喪失啓發法的優點。所謂未知的知識，往往無法納入行爲目標或編序教學「作場」中。與行爲目標相類似的教學法尚有「錦囊教學」(package instruction)，將教材精密有序地編序成學習單元，每一單元構成一個資料袋(learning package)，學生根據袋中的 module 自動學習，這類教學方法，大抵注重增強、聯結、練習和行動，其對教學的貢獻功不可沒，但由於無法顧及靈感的啓迪和學習動力的培養，亟需配合心理分析學所提供的原則。如尼爾所提倡的自由學習、開放的教室，以及最近所提出的發現學習等方法。

心理分析學家所提倡的教學方法與行爲學派本質上不同，蓋後者所強調者爲學習情境、教材和增強的安排，殊少注意學生的內在動力，由於主動性僅及於行爲，「操作」(operating)未必發自內心，它可能流於「心不在焉」的困境，致無學習效果可言。爲了克服這種內在與行爲之間的斷裂，心理分析學家提出了下列幾種輔助性策略❷，以協助達成目標學習和發現學習的目標。

□克服抗拒學習

抗拒學習是個人期望學習新能力，但又眷戀舊適應方式的防衛或矛盾傾向。此種現象人人均有，惟輕重不同而已；抗拒的程度愈重，愈易固執成見，有時甚至無法接受新知。抗拒就某層面觀之，是一種固著，同時也是對新事物的一種退縮反應。依弗洛姆的看法：個人一旦發覺自己無能，便失掉肯定自己的能力，他必須放棄自由，排除新事物的威脅，並傾向於退縮和固著。「無能」爲抗拒學習的動力性因素，它源自失敗、挫折和打擊，因此教師應注意學生成功的經驗，給予成功的機會。此外認同亦是克服抗拒學習的有效方法，依佛洛伊德的觀察，它是人類最原始、最具創意的學習方式，由認同所發生的學習是一種毫無芥蒂的直接躍入，學什麼是什麼。因此，適時提供認同對象，亦爲教學成功的契機所在。

□善用移轉的心理過程

轉移的心理過程，在師生間經常發生，教師須像木筏一樣，審愼地圍繞著學生所表現的情緒經驗，將學生引向自覺。師生溝通時，學生極易將老師誤爲曾引起他負性情緒反應的人物。如果教師不能了解這個現象而善加處理，師生關係甚易破壞，教學與輔導最大的敗筆莫過於破壞這個心理過程。轉移這種將過去對待某人的態度混融在現在對待教師的態度，即沙利文所謂的並列（parataxis），這種現象難免摻雜在教學活動裡，教師是否能接受並做適當回應，關係師生情感交流的成敗，了解並善用轉移的心理過程，不但可以解除情緒的困擾，並且可以引發學生學習的興趣和主動性。

□應用群體會談

心理分析治療術，已從過去一對一的分析發展到多向溝通的群體會談，並用以幫助學生解決學業問題。會談中學生表現了自己的本質，從種種顧忌和限制中解放出來，彼此由回應而獲得回饋，進而了解自己，並認識自己的本質。由於會談係透過眞誠的方式與人溝通，活潑地表現自己並做回應，因此不但能發現自己、認識自己，同時還能增進自己的感受能力。紐約長島大學（Long Island University）教授田尼本（S. Tenebaum）曾以小組會談方式幫助一群學業失敗的大學生，結果十五名參加者的成績，均有顯著進步，會談前超過C⁺者僅佔二四・七％，會談後則增加到六五％，會談前成績F者佔一〇・四％，會談後只有一人的一科目得F。同時C等的成績也由原先七六・三％減爲三四・五％❸。小組會談不但可用於心理輔導，同時可以透過它而增進學習能力。

□情感溝通與非理性能力的誘導

傳統的教學和課程編制，偏重知性、知識及種種符號推理的傳授，學習的內容重在啓發智能，對於最古老的教育內容——非理性的教材——則往往忽略，這教材即弗洛姆所謂的被遺忘的語言(the forgotten language)，如美妙的討篇、舞蹈、音樂、神話、英雄傳奇等等。非理性能力的陶冶和誘導，有助於個人高深情懷和生活空間的延展，同時也是生活智慧的所在。拿梭甫(Northrup)說：教育應朝向將西方的科技成就配合東方的穎悟情懷，造成最完美的文化❹。我們需要發展理性的智能，同時也要陶冶非理性的情感，如此，理性才能獲得適當的發展，感情和理智才不致脫節，才是完美的教育。

□解放「自我」

特里寧在一九五五年佛洛伊德紀念會上說：「佛洛伊德所強調的生物學主義，是一種解放的觀念。」❺所謂解放是指自我功能之發展，可是「目前所創造的文化，卻置此人類命運於度外」，由於自我不斷的遭受禁錮，文化和它所建立的超我嚴重抑制「自我」的發展，以致個人的思想和情感無法統一(identity)。根據心理分析家的看法，解放「自我」並非「解釋」能克盡全功，而應以支持(support)爲手段，讓學生發現其本質。蓋支持帶給學生自信，由自信可獲得成功，成功的經驗正如斯賓諾沙(B. Spinoza, 1632—1677)所謂發現本質的唯一方法，同時也是培養弗洛姆所謂創造性格的最佳途徑，其次教師應以愛引導學生回應，讓學生從「給予」中獲得豐富感，引導「我有」的價值觀念走向「我是」的觀念，學生一旦走向「我是」，必然能發展其自我的功能。

創造力和教學

創造力是個人有效處理新問題的能力，培養學生的創造力向爲教育界所重視。培養創造力的方法各家說法不一，見仁見智，有認爲知識經驗的累積可產生創造力，相信「鍥而不捨，金石可鏤」；有認爲訓練學生掌握規則的能力是培育創造力的最佳途徑，將規則之領會視爲一切悟力的基礎；也有認爲批判分析的能力是創造力的前身，練習批判和分析即能產生驚人的創造力。但華勒斯(C. Wallas)認爲：偉大的智能工作如無努力固難完成，但一味努力，不予閒暇思考以培養靈感，同樣阻礙創造。通則的學習固然重要，對於新問題的理解和思考，一味拘泥於掌握通則，反易忽略其他層面的思考和嘗試；通則的學習，對專業問題的解決，並無顯著實益❻。至於將分析能力和批判視爲創造的條件之看法，哈欽斯(E. D. Hutchinson)則認爲：個人自由想像一旦被「批判」所制馭，要想獲得創見簡直緣木求魚，過多批判的顧慮，使原創性思考胎死腹中❼。創造是一種特別的反應，它必須在心無旁騖、不強求、不勉強、不揠苗助長的情況下發生。心理分析學家魏克夫(E. A. Weisskopf)說：「最成功的創造思考，是在閒適、驚奇、心靈開敞和不強求下進行，持續性的專注分析和思考，對創造無益。專注是處理既定工作的條件，未必是創造思考的條件。」❽因此，用功、規則的掌握、批判分析和專注等可以說是智能工作的條件，而非創造力醞釀的基素。創造力必須在鬆弛、非常規的思維方式，暫時離開批判和客觀的約束下才綻放靈機。因此教學上除重視智能學習的條件外，應給予自由，避免壓力和批評，教導學生「避免死板，多留彈性」，保持心靈開放，避免急迫和盲幹，這就是梅貽(Mayier)和路欽斯(A. S. Luchins)所謂的「鬆弛教學」(loosening instruction)❾。

焦慮和創造力是想像運作的兩個極端，根據瓊斯(R. M. Jones)的看法，焦慮、創造和想像力的關係，在教學上可以用程式表示如下❿：

想像＋孤獨＋無能感＝焦慮↑治療與輔導

教學工作↓想像＋溝通＋精熟＝創造力

想像配合孤獨和無能感，便產生焦慮。焦慮是污染心理生活的毒素，是健康與幸福生活的死敵，它必須藉重輔導和治療才能恢復。治療的效果未必穩操勝算，因此良好的教育成爲人性發展的一項要務。其次，教學的主要工作，在引導學生想像，但必須配合溝通和教材的成功學習，否則將使想像力趨向焦慮，非但不能獲得問題解決的能力，反而造成懼怕或嚴重的防衛傾向。

培養兒童的創造力首應消除懼怕。懼怕是不安全感、失敗和不能自我接受的情緒反應，它使個人無法冷靜思考、不敢放棄舊的適應窠臼以尋求新的適應方式。懼怕來自權威所造成的壓倒性勢力，它常因壓抑而變爲抗拒和逃避傾向。瓊斯認爲：想像力是潛意識和意識間互動的產物，其性質受潛意識影響至大，如想像內容被潛意識引向懼怕，便引起焦慮；如果引向事實，則產生解決問題的創造力。

創造活動本身具有相當程度的興奮(tension)，但絕非焦慮。這種興奮是「現況」與「目標」間差距的引力，乃「我是」與「我的理想是」間位差的自然現象，是創造活動的動力。因此教學時必須考慮現況(學生的程度)和目標，清楚有趣的目標是創造活動所必不可少的因素。茲歸納瓊斯和羅杰士的觀點整理出培養創造力的學習原則如下：

一、教材除了具有「唯實」價值外，應注意其意義性、情緒性和想像性。

二、避免權威命令及嚴格管教，多支持少奚落，多鼓勵少責罰。

三、避免製造懼怕的氣氛，懼怕會使創造力萎縮。

四、教材必須符合興趣和能力，以便透過自動學習而建立獨立學習。

五、消除孤獨及無能感，鼓勵學生發現自己的能力，獲得成功的經驗。

想像本身沒有好壞的意義，一經配合潛意識內容，便決定其運作方向，趨向事實的想像，便形成解決問題的能力；傾向懼怕或退縮的想像，就成爲扼殺正常人格的兇器（焦慮和幻覺），成爲個人不幸的根源。

轉移、認同與輔導

「轉移」和「認同」是心理分析學上兩個重要的概念，同時也是人格發展上兩個特殊的心理過程。因此，談到父母和兒童的關係，或討論兒童對權威的態度，道德與自我觀念等等，均涉及這兩個心理現象。這與兒童的行爲、心理準備、自我的發展、價值觀念的形成、態度和習慣等關係至切。其在教育上的應用，殊值重視，特別是師生間情感的互動，更應善用這兩種心理力量。以下討論這兩個心理現象與教育的關係。

□轉移(transference)

葛士門(B. D. Grossman)認爲：轉移有兩種，一爲一般性轉移，一爲特殊性轉移。前者是兒童以其對待父母的態度或情感，轉移到教師或他所接近的人身上；後者則指病人把心理分析家當成過去對他有意義的對象看待。就後者而言，佛洛伊德認爲它是治療時的必要過程，治療即是藉此過程，讓病人重溫過去的經驗，因此，沒有它病人無法「了解」或解開過去壓抑的種種情結。轉移是治療者和病人間所建立的情感橋樑，藉此關係，心理分析師得以觸及病人潛意識的靈光，然後像接生婆一樣，把壓抑在潛意識的內容接生出來，使病人從中得到「了悟」而治癒。教師所接觸到的轉移現象，不是特殊性的轉移，而是一般性的轉移⓫。

學校裡，學生對老師發生轉移是常有的，由於教師在學生面前，往往取代「父母」的角色，加諸現代的教育與生活習慣；父母在家扮演教育子女的教師角色，幫助子女做功課，而教師則因專業性要求和訓練，對學生生活的照顧也相對的增加，因此學生對父母的情感極易轉移到教師身上。

轉移是一種潛意識過程，學生往往不自覺地將對待父母和教師的態度混淆一起，由於它是潛意識的，所以也是非理性的、非邏輯的，甚至是「非事實」的。教師對學生經由轉移而來的不合理或無中生有的舉措，要審愼處理，不宜驟採責罰或冷嘲熱諷，而應以開放的對策接納它，並隨機給予正確的回應，適時給予支持、成功的經驗和充分的愛。學生在學校裡如能獲得良好的經驗，有助於消除往日所經驗的不正常情感，教師對學生轉移到他身上的種種情緒反應，應以緩和與支持的態度處理，如果使用制止的方法，勢必造成負性情緒的強化。

轉移所包括的情緒和態度，未必都是不愉快的，有一種轉移，佛洛伊德稱之爲「正性轉移」(positive transference)，學生對老師反應出正性的態度，乖乖接受教師的教誨，其動機是爲了討好老師，就像要討好父母一樣，唯恐喪失老師的關注和撫愛。在此情況下，學生的一切良好表現，本意上不是爲了主動向學，而是爲了討好老師，因此老師必須注意引導建立其自動學習的興趣。

□認同(identification)

認同和轉移關係至爲密切，同爲人格發展的重要過程，兩者的重要區別是：轉移是過去對某人的情緒經驗，混融在現在對另一個人的態度或情感上；認同可解釋爲現在的自己和別人行爲特質發生混融。認同和學習或模仿不同，因爲模仿是外表的，認同是深入的，學習是意識的抉擇，認同則爲不知不覺中吸收了所認同的人的種種行爲特質。

依佛洛伊德的看法，認同開始於性器期(phallic period)，其時約爲四至六歲，導致認同有兩個原因，其一是爲了防衛，其二是爲了依賴(anaclitic)[12]。首先介紹防衛性認同(defensive identification)：兒童於性器期時，由於懼怕父親對自己與母親的親暱發出攻擊，而感受到一種危險，因而向父親認同，一則藉以防衛父親的攻擊，一則藉以學習父親的種種儀態或行爲，以便和父親抗衡爭取母親對他的關愛。女孩在此時期，除了對象相反外其道理相同。因此戀母情結和戀父情結，同爲男女兒童逐漸男性化和女性化的動力。這種現象即是人類對強者認同的本性，亦即佛洛伊德所說的向侵略者認同(identification with the aggressor)的傾向[13]。

對強者認同，往往基於防衛的心理動機，功課不好的學生懼怕孤獨，因此使自己和自認爲強而有力的不良幫派認同，一個學業失敗而體育成績卓越的學生，也可能向體育明星認同，所不同的是認同好的對象，則走向成功的道路，認同的是無惡不做的歹徒，便淪爲社會的敗類。

提供學生閱讀偉人傳記，可以建立良好的自我觀念，如能進一步產生認同，他的行爲品質、態度和價值觀念便會表現得成熟穩重。許多偉人，他們一身擔任重責，其內心裡總是認同著許多偉大典型，才經得起種種試煉，文天祥說：「風簷展書讀，古道照顏色」「讀聖賢書，所學何事」，這種豐足的浩然正氣，仍然要建立在認同之上。

另外一種認同稱爲「依順認同」，即一般人所謂的「發展性認同」。依順認同最先也是從親子關係發展出來的。孩童需要父母親的愛和照顧是必然的，他爲了避免喪失父母的關愛，因此以依順的方式吸收父母親的行爲特質來取悅雙親。依順的認同，是超我或良心的主要來源，由於認同不只模仿外表行爲，同時還吸收了價值觀念，如果吸收的價值觀念是正確的，便形成了好的自我觀念，因此，教師和父母的一言一行都應審慎注意，所謂「身教重於言教」就是這個道理。

依最近的研究，防衛性認同未必是因爲戀父或戀母情結所引起，重要的是父母親「權威」之威脅。摩根和葛爾(Morgen & Gaier)兩人曾做過研究[14]，發現兒童對父母的限制和體罰有誇大的傾向，因此父母的權威對他始終造成誇大性的威脅和懼怕，這種威脅使他做防衛性認同。教師和父母同爲具有權威的對象，如果對教師嚴厲的特質產生懼怕，學生就會認同教師嚴厲的特質，產生過份嚴格兇猛的「超我」，構成內在的檢查者，時時威脅自己，造成不安全感或道德焦慮感。這是心理分析家反對嚴格管教子女或學生的原因之一。

防衛性認同和依順性認同關係密切，學生對教師做過份防衛性認同，會產生強大的超我及焦慮反應，迫使學生不得不遵守規矩和訓示，以獲得教師的讚賞，因此合作的態度是爲了討好，努力做功課是爲了順從，學生極易喪失獨立思考、想像、自動學習的能力。過度依順的孩子，往往缺乏安全感，其內在的情感和外在的態度也無法一致，例如他憤恨在心，卻不敢表示；內心反對又僞裝順服。這種矛盾是心理不健康的動力性因素，也是人格發展障礙的根源。

認同如果建立在正性層面，將所羡慕人物的良好品質融入自己性格之內，便形成佛洛伊德所說「自我理念」，這種認同我們稱它叫「正性認同」(positive identification)。正性認同不像防衛性認同那樣建立在懼怕的誘使，而係受羡慕或敬佩人物的感召。因此教師除應提供社會價值和規範外，同時要提供認同的機會，以培養恢宏的氣度和胸襟。

教師欲促進學生正性認同，必須與學生建立和諧的關係，透過情感的溝通予以鼓勵和支持，讓學生有機會選擇教師的優點，接納所崇拜人物的良好品質。此外，教師必須時時進德修業，才有謙沖開放和豐足的襟懷，不致將教學變為「權威」訓示，勇於面對學生所給予的種種挑戰，才能引導學生走向正性認同的坦途。

附註

❶Gange, R. M. & Briggs, L. T., *Principles of Instructional Design*, New York, Holt, Rinehart and Wiston, Inc., 1974, p. 40.

❷Watson, G., Psychoanalysis and The Future of Education, *Teacher College Record* 58, No. 5 (Feb., 1967), Columbia University, pp. 241—247.

❸Tenenbaum, S., Scholl Grades and Group Therapy, *Mental Hygiene* 54, No. 4, (Oct., 1970), pp. 525—529.

❹同❷。

❺Trilling, L., *Freud and The Crisis of Our Culture*, Boston, The Beacon Press, 1955.

❻Weisskopf, E. A., Some Comments Concerning The Role of Education in the 'Creation of Creation,' *Journal of Educational Psychology* 42 (Mar., 1951), pp. 185—189.

❼同上。

❽同上。

❾Luchins, A. S., *Mechanization in Problem Solving, The Effect of Einstellung, Psychology Monograph* 54 No. 248, 1942.

❿Jones, R. M., *Fantasy and Feeling in Education*, New York, Horper & Row, 1968, pp. 5—7, 174—176, 184, 243.

⓫Grossman, B. D., Freud and The Classroom, *Educational Forum* 33, No. 4(May, 1969)., pp. 491—496.

⓬同上。

⓭Freud, Ann, *The Ego and The Mechanism of Defence*, New York, The Growell—Callier Publishing Co., 1963, p. 117.

⓮Morgan & Gaier, D., Type of Reaction in Punishment Situations in The Mother—Child Relationship, *Child Development* 28, 1957, pp. 161—167.

第六章　教育愛的分析

心理分析學派深信，健全的人格就是將自己從種種情結桎梏中解放出來，使自己自由、清醒，並發揮自己的創造力或潛能。這樣的心智狀態，才能把生活帶到活潑、有朝氣、具有創發性的層面。因此，人格發展是教育的重點，學生有好的人格，自然會生活得好，工作得好，能表現出良知和友愛的美德。但是健全人格並非源自知識，也不是來自道德的嚴格訓練，它的材料是父母和老師以及社會所給予的愛，高品質的愛是個人心理健康及幸福的素材。

關於愛的教育，在傳統觀念上中西並無二致：中國的儒家是幾千年來教育的主流，但對教育愛的本質和方法所論極少，所根據的無非「玉不琢，不成器；人不學，不知道」「師者所以傳道、授業、解惑」「有教無類」等等。這些觀念與西洋中古以前蘇格拉底、柏拉圖諸哲學家，乃至中古的經院主義以及爾後的理性主義並無兩樣，均從嚴格訓練中表達教育愛，即使是稍後的唯實論者如蒙泰因(M. Montaigne, 1533—1592)、洛克亦不離嚴格訓練。直到近代的教育家盧梭開始談到泛愛的教育，斐斯塔洛齊討論成長與發展，強調「教學必須發自兒童自身，而深植於兒童自身」，才有重大的改變。他們開風氣之先主張不依賴懲罰、獎勵、恫嚇來教育兒童，這種教育愛觀念發展到福祿貝爾，更發揮了「人性本善」的觀念，建立兒童中心的教育思想，相信「兒童爲活動而工作而歡悅，少年爲產品而工作而快樂」，重視給予兒童歡樂、自由、滿足，並注意指導兒童的發展。

教育理論的發展，到了十九世紀中葉，已開始重視愛的教育。此一觀念的傳播，使愛的教育逐漸被接受並日益普及，如蒙特梭利所開辦的「兒童之家」及對心智缺陷的兒童的教育，更發揮了兒童中心的教育觀念，他重視環境，重視感情及情緒，並以自動學習做爲教學的方法。

以上從嚴格主義的教育發展到兒童本位的陶冶方式，是教育上一大進步，但這項進步卻在心理分析問世後，才有更深一層的發展，並在教育上產生了很大的影響力。

關於愛的本質及其動力，在佛洛伊德之前沒有人做過深入的分析，惟獨他從所建立的人格理論中，對愛作了詳細的分析。固然他的分析未必能被現代人完全接受，但他對教育的間接影響是毋庸置疑的。心理分析學經過以後的心理分析學家不斷地研究探索，已逐漸成熟，理論亦日趨複雜，但無論如何，他們的一致結論還是愛。儘管他們對愛的內涵及其動力有不同見解，他們均肯定佛洛伊德的一個概念：一個接受充分愛的人，將來必可成為巨人。所謂「巨人」就是人格健全、能愛人、有獨立感；肯負責的自我實現型人物。茲將幾位心理分析學家對愛的不同看法，從教育觀點加以闡述，以明教育愛的本質。

泛愛的教育愛

佛洛伊德對愛的探討，並沒有直接涉及教育。他提出慾力或利比多，大致以性愛為主要討論範圍。他認為所有的品德都是由利比多在適當的情境下昇華而來；反之若對利比多加以禁制及壓抑，將造成人格的異常和品格的敗壞。因此，他將性愛和情愛視為人類品格屬性的原始素材，它透過所謂心靈的經濟學，轉換為種種精神現象或品德。尼爾是最忠於佛洛伊德的教育家之一，他創辦了一所學校夏山學校，大抵以佛洛伊德所提出的自由及不抑制兒童的自然性和善良性為原則，並發表了一本名著。所謂泛愛的教育愛，即根據尼爾承襲佛洛伊德的理論而發展出來的。茲將其本質歸納如下：

一、愛是尊重兒童的本性，是自然的發展與成長，而不是壓抑或強制的訓練；也不是無微不至的照顧。

二、愛不是父母和教師的擁有或感情上的感受，而是讓兒童感受到你的關心，領受到你在了解他，並對他的思想和感情予以肯定。

三、愛不是占有兒童，而是給予機會自由發展，讓他走向善良(give children freedom to be good)。

四、愛是關心，但非揠苗助長，不是嚴格訓練，亦非強迫屈從。

五、愛是在自然的情境或機會下給予，萬不能將它變成強迫性的愛(compelled love)[1]。

愛的教育可以促進兒童對生命的熱愛(love of life)，但破壞愛的教育最厲害的就是師長或父母對兒童的威脅恐嚇，因爲它會產生懼怕的心理，並導致仇恨和不安。懼怕的另一種來源是從父母、師長、家庭或社會學習來的，這種懼怕有時可使兒童變得退縮，有時會造成反叛或暴力傾向。懼怕對一個人的待人處世往往造成嚴重的障礙，不敢與別人交往，甚至導致人格上的異常。尼爾認爲懼怕對兒童的心靈傷害最大，它是兒童心靈成長的劊子手，教育上應極力避免。但事實上在日常生活中，我們給予兒童懼怕的機會殊多，以致他們長大成人之後，也像我們一樣，常常受懼怕折磨，例如怕窮、怕高、怕水、怕被譏笑、怕鬼、怕被批評、怕走夜路、疑神疑鬼、擔心意外等等。懼怕原屬於正常的心理反應，沒有懼怕我們的文明怎麼會進步？沒有懼怕我們又怎會預先防衛，避免災難？但是懼怕若超過正常水準，就成了無病呻吟，會不斷產生無謂的焦慮，那就不幸福、不健康、不快樂了❷。心理分析學家相信，許多強迫性行爲或觀念，甚至行爲異常，都根源於懼怕。

對付懼怕最好的方法就是兒童中心的教育，讓兒童自由，不強制他，不威脅他，任其自由自動，無論在課業上，在做人上，品德和人際關係上或性教育上，都不予強制，不作單向灌輸，兒童本身就是教材，教師或父母只是從旁予以必要的指導。而此種指導絕非限制，更非說教或訓練，教師和父母所做的指導是引發、解釋及協助其避免危險。

反之，強迫性的關愛則不理會兒童的感受，只一味給予塡鴨式的愛和照顧，這種教育方式極易引起兒童的反抗或使之變得被動，喪失積極進取的精神。倘使強迫性的愛在一個社會裡被普遍的採用，就會把社會性格扭曲，普遍產生不負責、被動、鄉愿或暴力的傾向。

嚴格主義的教育學家，一向認爲道德是經過嚴格訓練的產物，唯有先建立道德權威，科以獎懲，才能建立好的行爲規範。但是這種建立在懼怕和利誘之上的道德及社會規範，簡直像建立在沙上的大樓，在這社會變遷快速的時代裡，不但不實用，而且對個人的心理衛生亦大有影響，因爲他的心理永遠被一種權威所傷害。斯賓諾沙曾指出，道德上的善行，若建立在懼怕或有所求，就不能視爲道德，因爲眞正的道德是發自自由的抉擇❸。

尼爾認爲，人一旦染上懼怕，便會成爲懦夫，因爲在懼怕的心態下所作的決定，絕非發自「自我」的公正判斷。因此，幸福的家庭，父母一定是以坦誠對待孩子，而不是以教條來科罰強制他們。沒有懼怕及權威的師生關係或親子關係，才是眞愛；尊重兒童本性的教導才是慈祥；享受自由的孩子才有溫暖❹。

泛愛的教育愛主張：愛的本質除了預防兒童的安全外，應給予兒童充分的自由，讓兒童自由試探，在自由中成長，從試探中發現自己，並建立良好的生活態度和品德，教師和父母充其量只是引導者而已。

倫理的教育愛

「倫理的教育愛」是指弗洛姆所提出有關愛的理論或解釋，本書所以稱之爲倫理的教育愛，是因爲他對愛的討論，是從倫理學及社會學著手，把愛和人格結合起來，視健康的人格爲「完美」，並稱它爲一種生命的藝術。他有一本名著《愛的藝術》，即在闡明愛的本質和倫理的關聯。他同時相信人類天生就有一種心理動能——原慾(libidoness source)，當原慾獲得正常的發展時，便會建設性地轉向對生命的熱愛，而發展成愛生性(biophilia)性格，它的特質是自在(well-being)和具有愛人的能力。

弗洛姆認爲人格由「性格」和「脾性」兩個因素構成。脾性是遺傳來的，例如膽汁質(choleric)易激動，神經質(melancholic)多抑鬱，多血質(sanquine)偏向樂觀，黏液質(phlegmatic)動作緩慢等等，這是天生的，所以與倫理無關；眞正與倫理有關的是性格，它是後天經驗的產物，是支配行爲上善與惡的動力。因此經驗、教育和環境決定一個人的性格，而性格同時又是一個人的道德根源。

一個教師和父母必須具有健康的性格，然後才有愛學生的能力；具有愛的能力的老師，才具有自由與獨立的人格特質；有敦親睦鄰、講公理行正義的美德，他的愛才能引導兒童建立健康的性格，並啓發兒童愛人的能力。茲將弗洛姆對愛的分析引用在教育上，綜合爲以下幾個要點：

一、教師和父母對兒童的愛是給予而非接受或占有。

二、愛是在保持自我統整的情況下與兒童交往，並產生親切的關聯，師生或親子間因而互愛密切，其交往是平等互動的。

三、教育愛是一種主動的態度，教師和父母隨時都給予兒童所需要之回應，同時在回應中享受兒童獨立發展的喜悅，而不是把他改變成自己的樣子。

四、愛兒童必也能喚起兒童愛人的能力，否則教師或父母所給予的愛就是無能的愛。

五、愛本身就是一種創造性行爲，對具有愛之能力的老師及父母而言，兒童可以享受到循循善誘的慈輝❺。

關於愛的本質，弗洛姆提出四個因素加以分析解釋，這四點解釋，把愛做了最具體可行的詮釋，同時也是教師和父母一刻不能疏忽的工作：

㈠**關懷**：教師和父母應隨時主動關懷兒童的成長、發展及其需要，關心他生長的過程及學習上的困難。教育愛的最大關鍵是把兒童當目的，而不能把他當手段，只有在把兒童當目的時，愛心與實踐才眞正結合起來，產生愛生性及倫理價值。另外，教師和父母必須主動關懷兒童，才可能引起兒童對愛的回應。教師若單方面一味要求學生「尊師重道」，訓誡他們服從，而不回應學生的需要，則該教育愛將流於形式。

㈡**責任**：教師和父母對兒童的責任，不應該只是一種負擔的感受而已，而是隨時準備針對兒童的需要作主動的給予。有責任的老師和父母隨時在觀察及回應兒童的需要。

㈢**尊重**：愛的給予除了關懷和負責外，必須配合尊重，否則所給予的愛便不完整，因爲不尊重兒童個性的愛，極易變質而成爲控制或占有。尊重的意義就是依照兒童的本質和個性去關愛，尊重表示教師和父母沒有剝奪兒童發揮潛能的機會，而希望兒童依自己的稟賦去發展和自我現實。教育上必須肯定兒童的個性和天賦潛能才是眞正的教育愛。

㈣了解（知識）：愛必須是明智的，缺乏對兒童的了解以及沒有足夠的教育專業知識，所給予兒童的回應可能是錯誤的。教師對兒童的輔導，當然要配合個性，有技巧，採取適當的步驟，倘若缺乏專業知識，對兒童不了解，可能成爲盲目的愛，而導致「愛之適以害之」的結局❻。

以上四項愛的基本素質具體地確立教育愛的規準，它使教育愛由倫理性走向心理的單位分析，由籠統的理想變爲實際可行的步驟，教育愛不再是「愛之深責之切」那樣單純的信條，愛需要豐富的知識及完美的人格才表現得出來。

意志的教育愛

羅洛梅對愛的解釋，強調愛是建立在消除冷漠感及促進內在心理生活之感情與外在生活事物之整合上，欲達到這個目標，必須依賴意志，只有靠意志才能克服我們對人及對自己的冷漠和割裂感。

他同時認爲愛是從原始生命力中演化出來的，當原始生命力得到適當的發展或出路，它便朝向建設性成長；如果它受到過份的壓制，便形成暴力，在一個壓制性過重的社會裡，暴力將成爲普遍的行爲模式。愛與意志正是引導原始生命力往合理方向發展的力量❼。

我們的社會是一個工技社會，由於特殊工業化及經濟生活方式的影響，造成感情與道德的僵化(compartmentalization)，使人類精神生活過得像是新淸敎徒主義(the New Puritanism)一般，其特質爲：第一，心理和身體發生疏離或割裂；第二，感情和理智不一致；第三，把身體當機器來使用❽。因此，在這個工技社會裡，人們沒有眞正感情流露的生活，一切生活都帶著面具和文飾，同時爲了達到生活規格化或標準化的要求，簡直不把生活當生活。以性愛而言，人們普遍不是爲了愛慾(eros)，而是爲了占有及表現「我能」，各方面生活也是爲了「我有」及撐面子，以跟從時尙。因此，我們不是依照與生俱來的生命力去生活，而是走向違反內在的人生，並反應出冷漠。冷漠使我們失去愛，並造成意志的混亂(disordered will)，演變成人際疏離(a distance between themselves)及暴力傾向❾。

依羅洛梅的看法，學校一直很少有提供活潑的生活教育及符合學生需要的敎材，使得教育更加庸俗，更不能符合生活的需要，導致新一代的青年成爲電腦卡上的數據。學生陷於冷漠之中，缺乏愛，對人與社會更漠不關心，甚至對生命本身也是如此。個人的內在生活一旦枯竭，對情感淡漠，以致不能與別人眞正接觸時，生活就失去了重心，心理上開始貧乏起來；既不能愛人，也不能自愛，原始的生命力被導向瘋狂，成爲兇惡的暴力；或者把自己孤立起來，成爲冷漠的防衛者⑩。目前的社會已經普遍感染這種風氣，師生間，乃至親子間的關係已經疏離割裂了。目前可看到的景象是師生之間已經成爲商人與顧客的關係，父母和子女的代溝也漸漸地加深，這是缺乏愛的主要病症。顯然，教育愛已成爲教育上的重要課題。

愛可以把我們推向新的意識領域(new dimension of consciousness)，因爲生命本身一開始就不是個人性的，它應該是屬於「我們」，亦即男女結合的共同創造體；個人既須屬於社會，而同時又必須獨立自主，其間的矛盾現象，要以愛來彌補及獲得協調⑪。

羅洛梅對愛所提出的解釋，在教育上有令人耳目一新的啓發價值，其對愛的主要論點是：

㈠**親切**：親切是自己與別人之間需要與渴望的同時察覺，親切的經驗能消除彼此間的疏離感及孤立感，在親切的互愛中，彼此分享生命的統整、親密及清新的存在感。教育愛也應該是基於親切而奠定師生及親子間的情誼，建立師生及親子間的互敬互愛。

㈡**自我肯定**：透過愛，可使彼此感受到個人生命的意義，並得到自我肯定。師生和親子之間建立的愛，不但肯定了教師和父母的價值。同時也肯定了兒童的自我價值，使雙方同時獲得滿足和超越。

㈢**豐足和實現**：在互愛中，彼此都感受到豐足感，並體驗到生命的意義和價值。師生及親子間的親切互愛，帶給教室及家庭祥和的氣氛和喜悅的感覺，故云「溫暖就是愛所發揮的力量」。

四喜悅：愛的給予能引起對方的敬愛，帶來無限的喜悅，愛是自我喜悅的基礎，教育愛使師長感受到日日是好日的自在和喜悅。

愛使你感受到與天地合一的襟懷，使你感到自在，冷漠和孤立感因而消失⓬。

羅洛梅最重要的貢獻是把愛和意志相提並論，他認爲愛不可能在放縱的生活中得到，更不可能在疏離和冷漠的心態或社會生活方式中獲得。愛必須用我們的意志力去追求它、實踐它，只有愛和意志才能使自己當下統整。我們必須用意志來主宰生活，做眞誠的抉擇，要以愛來對待這個世界，去熱愛它、影響它，使人們彼此有能力互愛。亦即當我們致力於改變這個世界時，這個世界也會反過來福蔭我們⓭。

羅洛梅在《愛與意志》一書中強調：眞誠的愛與意志，將改變我們及我們的生活世界。當然，教育也只有決心實踐愛，才能消除隔裂、冷漠和暴力傾向，並引導兒童走向光明面。

教育愛建立在師長及父母的人格上

心理分析學家對教育愛作了深入的分析和解釋，引導我們從教條及嚴格主義的觀念中走向廣大的視野，讓我們認識教育愛是對兒童天賦的肯定，給予發展的機會，予以自由、支持和關懷，並尊重他的個性，對愛的結果負責，並以切實了解兒童爲給予關懷的條件，同時教師和父母必須以意志力去實踐愛，去肯定原始的生命力。此外，他們還把教育愛擴大到師生及親子間相互的對待關係上，教育愛不再是單向的關懷，而是以能引起兒童愛人的能力爲要件。如此一來，教育愛成爲師生或親子間人格的相互感召，也正因此，教師和父母必須具有完美的人格；而補足人格之不足的途徑就是意志和愛。

茲歸納心理分析學派幾位心理學家對教育愛的啓示如下：

一、愛是教師或父母人格所發揮出來的能力與慈輝，因此，學校教師和父母必須具有健全人格，才可能提供愛的教育，否則愛的教育只是口號。

二、教育愛的本質是給予，而非接受；同時要能引發兒童愛人的能力，才是踏實的教育愛。

三、愛需要意志去實踐，去克服師生或親子間的疏離或代溝，但它必須具備關懷、尊重、負責和了解。

四、愛是在自由的氣氛、支持的態度和親切的了解中進行，並給予兒童自我肯定的機會，教師和父母也在愛的給予中享受生命的豐足和溫暖。

就教育哲學上邏輯實證主義(logical positivism)對教育觀念的批判條件而言，批判一個教育基設，至少必須考慮該教育理念的邏輯一貫性、目的的合理性、知識的客觀性及事實的證驗性、道德的合理性等，予以檢討與分析[14]。心理分析學派對教育愛所作的分析，衡諸邏輯實證論的批判標準，自有其可取之處，心理分析學派對教育愛所提出之建言，值得教育界深思採納。

附註

❶Neill, A. S. *Summerhill*, New York, Hart Publishing Co., 1960, p. 115.

❷同上，頁一二〇。

❸威爾・杜蘭夫婦：《西洋哲學史話》，協志工業出版社出版。

❹同註❶，頁一二〇。

❺Fromm, E., *The Art of Love*, printed in Taiwan. pp. 21—25.

❻同上，頁二七—二八。

❼May, R., *Love and Will*, Dell Publishing Co. Inc., pp. 123—129.

❽同上，頁四五。

❾同上，頁二三。

❿同上，頁三〇。

⓫同上，頁三一三。

⑫同上，頁三一〇。

⑬同上，頁三二一。

⑭吳俊昇，《教育哲學大綱》，商務，民國六十三年出版，頁二四二。

第3篇

潛能、自由、自治與夏山學校的兒童中心教育

提要

夏山是尼爾根據心理分析的原理創設的一所學校，以愛、自由學習、自治來促進學生發展其潛能。該校自一九二一年創辦以來，一實驗就幾十年，他們是怎樣教學生的？校風如何？更重要的是該校畢業的學生又如何？你一定想知道這些答案。本篇除了說明自由、自治的教育原則及心理學原理外，並摘要說明夏山學校的一般情形及追蹤報告，最後並對心理分析對教育的價值做一批判與結論。

第七章　心理分析對兒童中心教育的影響

心理分析學家有一個共同的信念，他們認爲健全的社會與教育必須符合人性的基本需要，因此在教育上極力主張人道(humanistic)教育，並以兒童爲整個教育施爲的重心。這種觀念與本世紀初的進步主義教育哲學相應合，並加強了進步主義觀念的普及，許多兒童中心的教育實驗就在本世紀才開始試驗興辦。例如一九二一年尼爾在英國創辦夏山學校，三〇年代英國又展開所謂不拘形式教育學校(informal education of british school)；在美國方面，自二〇年代以後，進步主義的教育也日益受到重視，延續到現在尚有開放的教育，還不斷蓬勃地發展下去。

心理分析學派不是兒童中心教育或開放式的直接創導者，我們只能說自二十世紀開始，心理分析問世以來，它對人性、人格、社會及倫理上的研究，不斷地肯定並影響兒童中心教育觀念的發展。

心理健康和健全的社會是人類最珍貴的兩件寶貝，而心理分析學家認爲它的基礎應建立在教育，尤其是要建立在人格教育上。一個健康的人，他的自我、本我及超我的功能應該是和諧調和的，而和諧調和的基礎卻建立在兒童生活的經驗上。生長在較自由、較親愛的家庭和學校的兒童，他們受到的抑制、挫折、懼怕較少，情緒穩定、焦慮感較低，生活自然比較幸福，其對環境的適應力較強，創造力和潛能容易發揮，人際關係都比較正常。因此兒童中心的教育或開放式教育，是心理分析學家所極力推崇的教育方式。

從心理分析學的觀點來看，兒童中心教育確有其特殊的價值和意義，茲分析如下：

幸福的生活與潛能

夏山學校的創辦人尼爾曾說：「教育應使學校適應學生，而非以學生遷就學校。」他深信惟有學校能提供學生學習上的種種需要，學生才可能獲得潛能的發展，也惟有滿足兒童需要的教育才是人道的教育。兒童在兒童生活中成長，而非在成人世界中成長，更不是在特定訓練的環境中成長。因此，被動的灌輸知識，強迫遵守生活規範或接受宗教信仰等都對兒童不利，而且也是不幸福的。「所有的罪惡、恨、不安和敵視，均源自不幸福，而不幸福就是來自對兒童本性的壓制和處理不當」❶。

對兒童而言，幸福的生活遠比知識和道德訓練來得重要，因為幸福是道德發展的基礎，同時也是知識學習的引導及創造力的發源。因此，在教育上寧可培養一位幸福的清道夫，也不願培養一個不幸福的科學家，因為不幸福的科學家可能對社會為害更深遠。兒童本具聰明的本質，善良的天性，只要給予適當的自由，便能自動學習起來。能「自治」也能「自制」。教育所要做的重要工作是引導及提供適當的環境，讓學生依自己的天賦發展，成為科學家或各類行業工作者，惟有如此才能眞正促進兒童潛能的發揮和幸福。為達到這個教育理想，教學上必須注意兩個關鍵性問題：自由與愛。

□自由

自由是創造力的來源，所謂自由是指排除強制、訓誡、約束及種種成規，相信兒童具有善良的本性，給予自由，便能發展潛在的優良特質。梅耶(N. R. F. Maier)指出創造性的解決問題能力，是從輕鬆(loosening)中得來，必須不受成見約束，保持頭腦的活潑(rut)，使心靈能向各種新意義敞開，要將創造力解放出來，必須給予自由❷。

自由一詞在教育上往往引起誤解，有些人以批評的觀點將它視為放縱，甚至批評為對兒童教育的放棄。其實自由是珍貴的，尼爾曾經對自由做了詳盡的解釋，他說：不自由的兒童就是被塑造的，被約制的，是生活在格律及看管下的孩子。不自由可以自懷孕時開始，例如孕婦對胎兒的壓迫及情緒焦慮所造成的傷害，嬰兒出生之後嚴格定期的哺乳，潔癖似的訓練，過嚴的要求服從，甚至施予責罰等等。這些教育方式即違反自由的眞諦，其結果不是造成焦慮的屈從性格，就是養成反抗和暴力的傾向，更嚴重者則爲對生命之藐視。許多心理不健康的兒童就是由喪失自由所導致。

弗洛姆在其所著《逃避自由》（*Escape from Freedom*）一書中特別強調，如果一個人不能自由地生活，那麼他可能專向獨裁（fascism）。他強調人性旣需要自由，又同時想逃避自由，需要自由又怕孤獨，這個矛盾也許就是民生生活的最大困局，但最好的解決方法還是給予自由，使自己內在的自我強壯起來，享受眞正的自由，使自己成爲一個豐足的人；反之如果逃避自由，放棄自由，將造成最大的不幸❸。弗洛姆又在《自我的追尋》（*Man for Himself*）一書中指出：自由是人類的潛能，它是對生命有益的德行，一個自由的人必然清醒，有回應及創造的能力；不自由的人將受幻覺和假相所驅使，其敗行及無惡不做的衰退併發症，將永遠成爲罪惡的根源❹。

對兒童而言，自由是重要的，自由是兒童人格發展、倫理與潛能發展的動力與機會。因此教育上如何善用自由，成爲教育學及教學心理學的重要課題。茲就尼爾對自由的解釋要述如下：

第一，自由是一種自律(self-regulation)：兒童的自律建立在對人性本善的信念上，自律就是給予兒童自由和權力，讓他自己處理自己的事情，無論在心理上或生理上均不給予強制。

第二，自由是有分寸的(proper)：嚴格管教的家庭或學校，學生必須唯命是從；但一個有分寸的家庭，則容許兒童自治，父母或老師往往與兒童享有同等的權力。不過自由也非漫無標準，凡是會造成兒童危險者，則應予以限制。尼爾說你不能讓三歲小孩爬上餐桌，因爲那會有危險，必須予以制止；但是兒童爲了自己的隱私，要求你離開他的臥室一下，你應該照辦。適當的自由，必須懂得分寸。

第三，自由是一種允許：給予兒童自由時，教師和父母應允許兒童去做試探，並允許其有自己的生活和個人的隱私，使兒童發展自己的興趣。

第四，強制服從破壞了兒童的自由學習；教育應培養兒童的自動自發。

自由絕非放縱，而是尊重兒童天生的善良本性，並藉以發展其潛能、興趣及自律自治的習性。由於心理分析學派非常重視自由及自動學習，特將謝爾(Babara J. Shiel)的實驗報告摘要，選譯附後(第十章)，俾供讀者更深入的了解。

愛的心理歷程，一直是心理分析學派討論的重點，但無論所討論的是性愛、情愛、友愛，都必須以健康的人格爲基礎，尼爾把心理分析學派對愛所提出的解釋，首先應用自己所創辦的學校裡，他認爲只有這樣的愛才能帶給兒童幸福。基本觀念如下：

第一，兒童的幸福感，端視教師和父母所給予的愛和認許(love and approval)的質量而定；教師對兒童的愛應該在於讓兒童感受到你在關愛他，而不是你在支配他。

第二，心理分析與認許是指教師和父母能夠與兒童無所不談，能引導兒童自動學習、自制及自重。

第三，父母和教師必須消除與兒童間的憎恨心理，因爲沒有恨的關係，可使彼此間的防衛機制消除，而成爲融洽的愛。

第四，永遠要爲兒童設身處地地著想，對兒童所做的回應不應是千篇一律，因此有必要對兒童做深入的了解。能了解兒童，爲他設想，教師或父母即使責備他，兒童也能接受的。

□愛與尊重

愛和認許可以增進兒童的幸福，幫助其人格之健全發展，同時，亦是奠定良好社會性格之所必須。每個兒童都有追求被愛及被認許之需要或慾望，這些慾望若得不到滿足，就會造成人格上的缺陷，許多罪犯就是失去社會給予的認許和溫暖，以致改變自己的滿足方式，消極地對社會產生敵意，而完全以自我中心者(egoist)的姿態出現，對待別人以恨、疏離、防衛和冷漠❺。

教育應有責任重建健全的社會性格，因此本質上教育應建立在社會認許(social approval)上，使兒童在滿足人性需要上獲得較好的潛能發展。相反的，如果學校的一切措施，不能造成師生間彼此互相關愛，學生看到師長便躲躲藏藏，學校的氣氛有如軍事化般的嚴整，那就是沒有愛和自由的象徵，也沒有自律和自治的訓練。這種環境表現出缺乏認許，極可能把兒童逼向校外的不良青少年幫派。尼爾說：「我的座右銘就是——看在神的旨意上，讓人們依自己的生活而生活，惟有如此，每個人才能適應任何情境。」❻爲了達到這項崇高的目的，教師和父母都應學習寬容，寬容不但是一種態度，同時也是教育下一代的智慧。

對兒童的管理

心理分析學對兒童生活管理問題所作的貢獻殊多，如前所述，心理分析對人的研究，較側重病理層面，但是教育不也正是要從避免錯誤和勇於改正中，才可能培養健康活潑的下一代？以下所要討論的幾個兒童生活管理問題，是最普遍而且影響最深遠者。

□自卑、幻想和超越

兒童的自卑是與生俱來的，兒童一旦發現大人能而自己不能，別的小朋友做得來，而自己無能為力，那就開始感受到自卑的壓力。自卑可以解釋為自己應該會而不會，或者自己想去做而長輩禁止他去做，這種應該與不能之間的差距，形成了自卑，而自卑的幕後主謀就是失敗。因此，對兒童的成長而言，沒有比失敗更能貶抑其自信。

根據阿德勒的看法，自卑情緒如果過於嚴重就導致心理疾病，而事實上許多精神病症即以自卑為禍根。他解釋道：當一個人面對他無法適當應付的問題，而表示絕對無法解決該問題時，所出現的心理狀態就是自卑情結❼，但自卑若趨向自己的無能感，並尋找不合理的替代物時，其結局就是病態。另一方面，自卑感人人皆有，它本身並非病態，相反的，它是人類進步的原動力，例如科學研究的興起，就是因為人類感到自己無知，由無知而產生自卑，再由自卑而期求超越，而產生科學研究。可以說，人類的全部文化都是建立在自卑的基礎上。

自卑是一種動能，能推動我們進步，也能貶抑我們成為病態。幼兒及兒童們的處境是自卑的，因為他們實在非常軟弱，沒有足夠的能力去應付生活。因此，師長給他的教育應該由照顧而漸漸走向協助，由保護而予以自立的練習，也只有這樣，兒童才能從自卑感中超越出來。為了輔導兒童超越自卑，還要教育兒童合群之道，因爲只有透過合作才能使自己超越自卑感。其次，要超越自卑就得建立優越感的目標，依阿德勒的看法，目標是在摸索中建立起來的，它是一種生活的奮鬥，是動態的趨向，我們不可能爲兒童繪製一份優越感的目標，教育上所能做的是給兒童嘗試的機會和自由，扶持他、幫助他去摸索和發現❽。

自卑情緒一旦牢固地建立起來，要想超越就十分困難，因此惟一能尋求的出路，就是幻想，它是生活上失敗的兒童，不敢面對現實所做自我滿足的方式。幻想使兒童逃避現實，無止境地幻想下去，最後眞的脫離現實，而成爲心理疾病，這是對兒童教育最須重視的問題。

兒童在學業方面的成就，對其優越感的建立有很大的幫助，但並非所有的兒童在學業上都能令人滿意，因此，有些學生爲了找回自己的優越感，開始參加各項活動，如球類、藝術、社交等等，這些活動都是正常而且富有建設性的；但是有些兒童或少年則以投身幫派來尋回他的優越感，這是不良幫派所以繁衍的原因。另一方面，某些內向型的學生，則可能陶醉在自我滿足(ego satisfaction)之中，那就是不健康的開始。

□破壞的行爲

破壞力問題，弗洛姆在《人的心》(*The Heart of Man*)和《人類破壞性的剖析》(*The*

Anatomy of Human Destructiveness）兩書中，分析得極爲詳盡。他認爲暴力是「愛生性」性格發展受到阻礙的結果；生活上嚴重的失敗與挫折，缺乏愛與溫暖等等，均足以阻礙個人不斷向前生長（born）的脚步，反而走向退化。破壞性可歸結爲生活失敗的結果，生活遭遇太多挫折或不能從事創造活動的兒童，很可能以暴力或破壞力來處理周遭的事情。暴力有很多種型態，如反應性暴力、復仇性暴力、信心破碎性暴力、補償性暴力等，無論何種暴力，都源自生活上的失敗和嚴重挫折。弗洛姆更強調，當個人不能創造時，便以破壞來代替創造。因此，在學校裡功課失敗、受責罰太多以及不能得到讚美的孩子，其破壞性行爲就有增強的趨勢。

至於佛洛伊德則更注重幼兒的教育，他認爲破壞本能（destructive instincts）早在口腔期及肛門期即已存在，原慾在得不到快感或得不到愛時，才發展出破壞性，可知幼兒的愛撫何其重要❾！

另一方面，尼爾認爲幼童本身就有破壞財物的暴力傾向，那是由他們對財物的價值認識不夠，故對於幼童所使用的設備，無需過於講求高度品質，同時對它的破壞不應予以過份的懲罰，最好的處理方式就是以「弄壞了，你就沒得用」以此做爲自然懲罰。到了青少年時期，則應教以合理的使用財物，如尚有破壞性出現，亦應有適當的懲罰，而且罰則是事先公告周知的。較大的兒童如果仍然採取暴力性破壞，尼爾認爲那是恨和焦慮所引起，他稱之爲眞正的破壞性（real destructiveness)。其原因可能有三：其一出自嫉恨(jealousy)，認爲他得不到別人的關愛；其二是對師長權威的反叛；其三對破壞物產生好奇及超越的需求。這些破壞性，會由物的破壞而轉移到人，成爲暴力犯罪行爲，因此破壞與暴力密不可分，而消除破壞性的最好方法是：教師及父母應放下權威，給予兒童自治及成功的機會，多多了解並滿足兒童的心理需要。

㈢撒謊

尼爾說：「兒童所以會撒謊，其理由若不是因爲怕你，就是因爲學你。」撒謊的父母必然調教出說謊的兒童。因此，欲令兒童不撒謊，師長必先以身作則。師長的不誠實，不但造成兒童對老師和父母認同的矛盾，亦導致價值學習上的解體。至於聲色俱厲的師長，管教過於嚴苛，兒童基於懼怕，造成撒謊勢所難免。

撒謊與不誠實有時在意義上有些不同，師長爲了避免過度刺傷兒童的自尊，偶爾善意撒謊，這是有益的，但就尼爾的說法，這種情形亦應儘量減少爲宜。

師長對待兒童切忌口是心非，必須劍及履及，說到做到，這是建立誠信原則的開始；另一方面應給予兒童自由，自己學習做決定，一個肯負責任的兒童，實無需在師長面前撒謊。

□責任、服從與紀律

父母和教師最易犯的錯誤就是對兒童的責任心過於低估，以致不敢放手任其發揮所能去處理家務或自己的日常生活；相反的，給予過多的照顧和保護，使得兒童的責任感無從培養起來。通常愈是低估兒童責任心的家庭，其兒童的責任感也愈小，父母對其自行處理生活問題，也愈放心不下，這是一個惡性循環的問題。須知照顧得愈多，兒童學習的機會越少。

其次，服從和規律問題，亦為教師和父母所重視的課題。依傳統的看法，兒童應唯命是從，只有這樣才算是敬長尊親，只有這種訓練才是師嚴道尊，才能嚴師出高徒。但就心理分析理論來看，服從應建立在聽從良知上，也就是建立在自我的理性認識與判斷上，苟非如此，就得不到明智的決斷；沒有強壯的自我，便要失去人道的良心，失去肯定答覆是非的能力，同時也肩負不起道德上的責任。如果教育不著重培育兒童強壯的自我，使其發揮判斷力和創造力，而只依賴權威及權威內在化所造成的恐懼感，民主社會將無從植根，文化科技的進步也要遲滯下來。

有些教育家認為服從是一種美德，這是事實，但我們所要訓練的是明智的服從，而非對權威的屈服。

反對以兒童為中心的教育家們，在訓練紀律及服從上，往往不採取自治，而採取強制性及永久性的服從(always obedient)，有時還把服從及紀律訓練錯用爲滿足自己對權威的慾望，甚至把自己的願望當做兒童的願望，使兒童失去自身潛能發展的機會。

對兒童而言，格律和公約是必要的，然而它必須透過教育協調而建立。生活規律若由兒童自行討論制訂，他們便會心悅誠服地遵從。

嚴格限制兒童的自由，表現了師長自身的投射性憎恨(projection of self-hate)，如果師長本身的生活無法達到理想水準時，有時也會反過來要求兒童更多的服從，太多的要求造成兒童的厭惡及疲憊感。

給兒童自由，讓他嘗試自動去做，必能培養自律與責任感。尼爾說：「一開始家庭就能給兒童自律，就不需要建立強制性的權威來管理兒童。孩子們是聰明的、善良的，生活因愛而回應出愛，因恨而反應出恨。愛和自治的環境，促使兒童產生責任感，經由父母或教師訂定格律來訓練兒童，並非教育的上策。」

□獎勵與懲罰

獎與懲往往會產生代替性反應，造成非爲善而行善，非因惡而不爲的現象，其眞正的動機是追求獎勵及避免懲罰，這一來，沽名釣譽將會代替行善，自掃門前雪代替了關心他人瓦上霜。獎勵和懲罰對行爲的建立，往往是暫時性的，當獎懲物(即增強物)消失時，就故態復萌。此外，獎懲亦在心理上發生不良的效果，因爲它刺激了學生的競爭和彼此的嫉妒。

獎勵對兒童的興趣具有扭曲作用，兒童的興趣和潛能應該自內而發，教師和父母若過度使用獎懲，會引導兒童走向父母或教師指定的興趣上，以致把原來頗具發展潛能的興趣壓制下去。

眞正的獎勵應該是自發性的，當兒童自己完成某項工作或學業時，從中得到滿足感和喜悅，才是眞正的獎勵。反之，在失敗中發現問題及獲得回饋的反應，才是最好的懲罰。

用懲罰來維持兒童守秩序，及強迫其用功讀書是普遍的現象，但心理分析學家警告我們，它很容易把自己的成見或自己的情結，同時感染給孩子。

懲罰往往使師長和兒童雙方同時感受到一種憎恨的氣氛，孩子在接受懲罰後所表現的悔意，有時並非眞誠，兒童往往把恨僞裝起來，偷偷去憎恨師長，可是師長的權威又使他感到對師長的憎恨是一種罪惡感，正因如此，兒童的心理健康容易受到損傷。

關於懲罰，余曾作專文分析，懲罰並非絕對不可取，但它的條件是⑩：

一、懲罰必須與自治自律相結合。

二、教師和父母必須把每個兒童看成目的，而非手段。

三、處罰孩子是基於愛，同時也是一種法治教育。
四、處罰不能傷害兒童的自尊，更不能採取體罰或責罵。
五、處罰時必須使孩子感到應爲自己的過錯負責。
六、班級規範及罰則是由兒童自訂的，孩子們有權開會修訂或制定新規。
七、處罰要讓兒童知道被罰的原因及嚴重性，並告訴他們如何改進。

懲罰問題尼爾曾有過一段精闢的說法，他說：爲了培養兒童服從、有道德，教師和父母不應使用責打的懲罰，必須引導兒童自律、自治並對自己的行爲負責。例如兒童借用工具有所毀損，給他最好的懲罰是限制他在相當時間內不能借用，這樣以促進兒童自律。（按：拙作〈體罰的心理分析〉一文，列入本書第十一章，請參考。）

□禮貌

禮貌就是個人考慮對方的感受，所表現出來的優良舉止。一個人必須有群體意識(group-conscious)，能設身處地爲別人想一想，其言行才不致傷害別人。禮貌使別人心情舒適，但對自己本身而言卻屬於潛意識所支配。因此，禮節可以及時學習，禮貌和態度卻必須長期的陶冶。

傲慢的態度，冷漠的表情，愛說閒語、饒舌、惡言誹謗等等，都是人格上有了缺陷所造成的，一個潛意識裡充滿憎恨的人，心理很少快樂，情緒總是不穩定，愛罵人，愛譏評人。因此，要培養好的態度和禮貌，一定要讓兒童過著有溫暖、有自由的生活。個人的態度與氣質一旦成爲固定的行爲特質，便很難改變。禮節可以用訓練的方式收及時之效，但禮貌與態度必須用愛來滋潤⓫。

其次，禮貌與兒童早期的家庭經驗有關，在這段時間，如果親子間學會合作而不是競爭，是平等的待遇而非被冷落，則將來的反抗和敵意便較小。阿德勒說：兒童早期留下的印象是永遠不可磨滅的，所有發展上的困難都由家庭中的敵意和缺乏合作所引起⓬。

兒童的性教育

現代人對性教育的正視，應歸功於佛洛伊德。他嚴正的指出：把性視爲禁忌，使原慾受到抑制，便會造成心理疾病或不良適應。目前教育界已普遍地相信，性教育的忽略極易造成青少年的心理困擾，並影響其心理健康。

對於性的無知，已經造成性氾濫、同性戀，甚至危及家庭計畫及個人生理上的健康。性的禁忌如同性的氾濫一樣，對社會及個人造成嚴重威脅。最近疱疹的流行，對於性氾濫者及同性戀者，可謂當頭棒喝。

爲了使兒童及青少年對性有正確的了解，我們對性教育的重要性應予肯定。心理分析學家對性教育方面的基本看法，可歸納爲以下幾個要點：

一、性是身心的自然現象，是生命快樂的泉源，不宜將它視爲罪惡或羞恥，或者視它爲神聖不可侵犯，觀念上的錯誤造成了抑制和焦慮，甚至影響生理健康。

二、兒童或青少年對性的好奇、撫摸及探視是正常的反應，師長應做正確的解釋與開導，而不能以羞辱、禁止等方式處理。

三、對兒童及青少年所提出有關性的問題，應作科學性及知識性的回答，不能與道德混爲一談，另一方面不能揠苗助長，解釋太多或太嚴重，引起他們的恐懼和心理負擔。

四、性的正常發展及正確知識的教導，有助於情愛及未來性生活的幸福。

有關兒童性教育方面的問題，茲將用尼爾的處理方式說明如次：

㈠**手淫**：兒童都會有手淫的嘗試，透過撫摸性器來尋求快慰和好奇。倘若父母對其子女第一次嘗試手淫不予理會，則手淫的強迫性慾望就漸趨減弱，如嚴予制止，則手淫可能固著成趣。手淫對兒童而言，首先產生滿足和快慰，它很快會被自己的道德意識克服（不過以筆者的看法，應對兒童酌作回應，告訴他性器官如同其他器官一樣有其功能，不宜玩弄，以保持衛生，但不做嚴格的禁止與羞辱)。手淫一旦受到抑制，不旦對其未來性生活發生不利影響，甚至一些性異常亦因此所致。此外，一部份的心理學家更認為手淫的抑制，亦可能是造成犯罪的原因之一。消除兒童手淫的方法是不刻意去制止，不將它視為嚴重問題，給予相當的「自然」。另外，一個天真快樂的兒童是不會熱中手淫的，手淫往往是受挫折、不快樂的兒童及青少年常用以自慰的手段。

佛洛伊德認為性驅力是與生俱來的，在生命開始時即已存在，快感的部位隨著年齡增長，由口腔而肛門而性器，經過一段潛伏期後，才眞正步上性成熟期。手淫只是兒童追求快感的一種方法，是暫時性的，父母不應予以強烈的責難，強烈的抑制和羞辱，極可能造成無可彌補的缺憾。

㈡**裸露**：在文明的社會裡，每個人都應有適當的穿著，我們的法律也規定不准公然裸體，以免妨害風化。但幼兒及兒童卻對裸露感到興趣，他們或公開或秘密地裸露自己，欣賞和好奇交融所形容的快感，使他一試再試，父母的強制禁止，不但不能消除這種行為，反而造成兒童對裸露的興趣，甚至轉換而發展為窺視別人的裸體。裸體是應當讓兒童了解的，當他看清楚了，就不再窺視和裸露。

㈢**色情書畫及廁所文學**：對猥褻的語言、色情圖片或書刊表示特別的興趣，可能是一種好奇，但對一部份性知識被抑制的兒童或青少年則產生了補償性興趣(然而這些色情書刊卻常常傳播錯誤的知識，貽誤兒童和青少年的終生）。兒童及青少年也喜歡在隱密的地方塗鴨或寫上色情文字，這是因受抑制而尋求發洩的現象，消除抑制的方法就是爲兒童準備板牆，距離教師辦公室較遠的地方，讓他們自由的寫作繪畫，這樣會把兒童的創造力從性的興趣中昇華出來。

兒童對性方面的好奇是自然現象，青少年亦然，教育應配合年齡及成長，予以適當的性教育，正視它而不要壓制他，開導他而不要羞辱他，這才是健康的作法。

性與愛情息息相關，性是一種驅力、一種本能，但愛情和婚姻並不單靠性驅力的滿足來維持，因此，性教育必須與人格陶冶相結合，才顯得有意義。愛情需要兩個人的通力合作，雙方都有平等及奉獻對方的態度，由性與愛情所發展出來的婚姻才有幸福。因此，就兒童的性教育而言，孩子對婚姻的看法要比性關係的知識來得重要。因此，父母相處的合作與情愛，又是兒童生活教育中重要的一環⓭。

童年的經驗與道德行爲

心理分析學派只承認人性的需要和動能，不承認有原罪，因此從各派心理分析理論看，道德的善是人格的產物，而人格是個人適應環境的結果。誠如弗洛姆所說：性格是經驗的產物，而性格又成爲個人倫理的基礎，阿德勒亦強調個體的早年經驗，自卑情結的牢固，使一個人走向不幸。

道德不是口頭教誡的產物，它是良好生活經驗的結果。教條的告誡和倫理的理論，充其量只能產生認知作用，它不能算是德行。我們必須認淸：人類的許多行爲並不受意識層面控制，而是受潛意識控制，因此道德的培育，必須重視潛意識的部份，對潛意識的教育，必須從兒童生活開始，甚至愈小愈好，給予愛、溫暖、自由、幸福、安全感。

尼爾認爲道德的教誡使兒童變壞，放棄道德規條和嚴格管教時，兒童反而變得守秩序和講道理。譬如我們要求兒童應具無私的美德，強制他把最喜歡的餅乾分一半給弟妹，這種無私的誡律，不但造就不了無私的美德，反而形成憎恨。

教師和父母必須注意，兒童的利他情操(altruism)是在自然相處下陶冶出來的，陶冶的方法就是關懷、負責、尊重和對兒童的了解。

道德是一種能力，幸福的人生才能產生道德的能力，尤其是幸福溫暖的童年決定了一個人的道德能力。一個被遺棄的兒童，一個不受重視又得不到成就感的兒童，都可能形成強烈的自我中心主義，其對社會必然產生反抗和暴力。

兒童的道德教育不是訓誡和嚴格訓練，而是愛和幸福。

附註

❶Neill, A. S., *Summerhill*, New York, Harl Publishing Co., 1960, p.21.

❷Weisskopf, E., Some Comments on the Role of Education in the 'Creation of Creation', *Journal of Educational Psychology* 42 (Mar., 1951), pp.185—189.

❸Fromm, E., *Escape from Freedom*, New York, The Hearts Co., 1969, p. 117.

❹Fromm, E., *Man for Himself*, New York, FAWCETT Dremier, 1947, pp.227—228.

❺同❶，頁一一七。

❻同上，頁一一九。

❼Adler, A., *What Life Should Mean to You*（《自卑與超越》），黃光國譯，新潮文庫，民國六十年，頁四七。

❽同❶，頁一二九。

❾Herman, N., *Principles of Psychoanalysis*, New York, International University Press, Inc., 1955, p.88.

❿鄭石岩著，《教室暴行的心理分析》、《仙人掌雜誌》3，民國六十六年出版。

⓫同❶，頁一七一。

⓬Adler, A., *What Life Should Mean to You*（《自卑與超越》），黃光國譯，第六章。

⓭同上，頁二三〇。

第八章　夏山學校的嘗試與結果

論及心理分析與教育的關係，我們可以肯定它已被教育界引用甚多。在教師訓練及師範教育上，無論是教育心理學、教學心理學、輔導理論與技術等課程，均闢有專章介紹心理分析，在美國許多教育系或心理輔導系課程中，甚至將它列爲重要的科目。雖然已普遍應用心理分析的原理和原則，但卻很少有人爲心理分析所提供的理論實際創辦一所實驗學校，惟獨尼爾在英國創辦了夏山學校，並以佛洛伊德心理學作爲教育原則。夏山學校創立於一九二一年，尼爾並把自己的經驗撰寫成書，那就是引起世人廣泛討論的《夏山學校》一書，這本書雖摻雜著尼爾自己的教育哲學，但其本質仍是心理分析學派的觀念。雖然夏山不能代表所有的心理分析學派理論，但它是同出一源的，因此了解該校的辦理情形及考查其成果，是我們進一步了解心理分析在教育上的價值之重要工作。

《夏山學校》一書於一九六〇年出版後，即受到各國的討論和矚目，其在美國所引起的迴響尤爲熱烈，美國從一五六〇年起的十年之間，全國有六百個大學學院的教育有關課程，將該書列爲必讀書籍。在一九六八至一九六九的一年間，《夏山學校》一書在美國的銷售量竟達二十萬冊，同時德國、法國、義大利、西班牙、葡萄牙、日本、挪威等先進國家，均相繼譯爲本國語文，該書所引起震撼及其對教育界的衝擊是無與倫比的❶。因此，夏山的教育實驗及心理分析對教育的啓發，實值得我們深入探究。

夏山學校概況

夏山學校設在英國的里斯頓鎭(Leiston)，距倫敦不過百餘哩。該校學生年齡在五歲到十五歲之間，通常學生人數男女生約各二十餘名，最多時多達八十餘名。他們把學生分成三組，年齡最小的一組是五歲到七歲，其次是八歲到十歲，年齡最大的一組爲十一歲到十五歲。

學生分組住宿，設有保姆，學生二至四人合住一房，沒有人監視或管理，學生享有自治，沒有制服的規定，任其自由穿著。

學校辦學原則是使學校適應學生，而非以學生遷就學校，因之外界對它有「隨心所欲的學校」(go-as-you-please school)的雅號。教學以自由、認許、愛、沒有憎恨等爲規準。爲了依據該項自由信念，學校不使用處罰，放棄種種校規、訓示、建議、道德訓練、精神講話及宗教活動。

學習完全依照學生自己的意願，學生想學什麼就學什麼，即使學生終其一日不學，亦任其自然。學習的教材亦根據自由探索而來，從探索中學習，教師及各項圖書等設備輔之，學生學習語文、自然科學、數學都是自願自動的。學生在生活中學習，而不是在預先安排的課程上學習。學校沒有考試，只有部份學生爲了參加校外十一歲考試(eleven examination)或大學入學考試，自動要求教師特別輔導時，教師才特別予以輔導和教學。

學生共同生活，完全建立在自律上，學生有自治會稱爲一般校務會議，共同遵守的公約，完全由學生討論決定，教師不做操縱。除了有危險性及特別危害的事情，學校不做任何限制，教師也不參與兒童的決定。學生並組織類似法庭的小組，執行所訂的公約。學生是在自治及自律併行下，學習團體生活的規範。夏山沒有處罰，沒有苛責，沒有懼怕，更沒有體罰，學校裡充滿快樂。

夏山的教學及學生生活情形也很特殊，上午八時至九時十五分早餐，師生們自己至廚房領取食物，自行至餐廳進食，九點三十分以前自動整理床鋪內務，然後開始上課。學校訂有時間表，從星期一至星期五，各科教室如語文、數學、地理、歷史、工藝等均有教師負責，但非強迫上課，高年級學生依自己興趣選讀，低年級大體跟級任老師學習，亦可以自行到工藝教室或美勞教室工作或學習，每個教室均有教師負責指導。

學校雖不強迫學生上課，但如果選課之後不再去上課，就會被除名，其他學生有權利把他請出教室。

中低年級學生在十二時十分午餐，高年級學生和教職員在一時三十分用餐。

夏山學校的下午，完全自由活動，可以自由去工作、去寫作、作美勞、修理自己的脚踏車或收音機等等，也有學生在戶外玩耍。下午四時是飲茶時間，五時以後又開始自由活動，有的閱讀、有的繪畫、有的剪貼或作皮革工藝。一般而言，年紀大的學生喜歡工藝，愛在木工場及鐵工場裡工作，甚至夜裡都人滿為患。

星期一或星期二的晚上，學生們可以到校外欣賞電影。星期二晚間，教職員和高年級學生一同聆聽尼爾的心理學講演，但中低年級學生則分組閱讀。星期三晚間，學校舉行舞會，由學生自行安排，活潑可愛，多采多姿，許多訪客都嘆為觀止。星期四晚間休息，星期六晚上是一週中最重要的夜晚，全校學生舉行一般校務會議 (the general school meeting)，學生們討論生活問題、學習問題及其他活動問題，他們學習自治，從討論中做成決議付諸實行，星期日晚則為影劇欣賞。

夏山學校的概況，很難以一小段文字敍明，事實上就本論文而言亦無必要，不過許多教育上的原則和細節，仍可以在以下的討論中對照了解。以下所要探討的是夏山學校教育的價值及專家們對它的批評❷。

十五位教育及心理學專家的評論

關於夏山學校的評價和討論，哈德出版公司(Hart Publishing Company)在一九七〇年出版《夏山學校的正反意見》(*Summerhill: For and Against*)一書。該書由哈德(H. H. Hart)主編，共蒐集十五篇批評及討論的論文，這些論文的作者都是很負盛名的教育家、心理學家、心理診療專家、教育評論家、以及學校的教師。例如洛夫利(Max Rafferty)是加州的督學，安美(Louise Bate Ames)是耶魯大學吉賽爾兒童發展中心的創辦人(Gesell Institute of Child Development of Yale University)，羅士門(Michael Rossman)是教師訓練專家及校園運動的研究者，華生(Goodwin Watson)是哥倫比亞大學教授，古曼(Paul Goodman)是社會評論家，弗洛姆是著名的心理分析學家等等，他們在閱讀《夏山學校》一書後撰寫評論，有些甚至親自參觀過夏山。評論中有正面支持者，有反面的批評者，茲歸納十五篇報告的正反要點如次：

□對夏山學校教育的積極性批評(即優點)

第一，對自由的肯定：夏山給予學生自由和愛，不使用權威強迫學生學習，放棄一般學校的獎勵和處罰，促進並引導學生自律及自決(self-determination)，避免兒童思想和感情的疏離和刻板化，有助於人格統整及創造性生活態度之發展，亦符合民主社會的教育精神。目前的教育，嚴重呈現權威情結(authority complex)，父母、家庭、教師、學校乃至社會給予兒童太多強迫性限制和心理壓力，把活潑自動的兒童本性，變得拘泥和呆板，產生冷漠、不負責及無意識的反抗，更失去了生活的朝氣❸。這種自由、自治的教育，可作爲當今教育的借鏡，此外，古曼將它與杜威的民本主義教育相提並論，與進步主義相媲美，他認爲這個機械性的社會(social-engineering)，對兒童的自由與自律正缺乏注意，夏山不失爲今日教育的警鐘。他說自由世界若不再重視自由的教育，則歐威爾(G. Owell)小說中《一九八四》一書將會應驗，我們必須注意古巴、中國大陸就是這樣而完全喪失了自由❹。

第二，對兒童愛和幸福的重視：愛使兒童免於焦慮、不安和懼怕，並使兒童能發展懷海德(Whitehead)所謂的內在理念，而使心與靈結合。愛有助於兒童學習自我意識(sense of self)、自覺意識(sense of sense)及無我意識(sense of nosense，按：借用佛家語即「無所住而生其心」的意識)。愛和幸福息息相關，愛和幸福使兒童生活得活潑天眞，有助於健全人格的發展❺。

第三，夏山揭示了現代教育所缺乏的教育原則：該校最令人矚目的教育原則有：(1)愛在教育上的必要性；⑵自我訓練的教學方式；⑶自由就是學生責任感的來源；⑷良師應能引導學生自我指導❻。

第四，肯定獨立的個人：夏山所謂的幸福就是指有獨立感的個人及建設性的態度，它比傳統教育所教授的知識技能更爲重要。

第五，避免學生的挫敗：當前的教育往往帶給學生過多的挫敗感，夏山爲解除中小學生的挫敗感，提出的策略是：⑴學習是自動自發而非強迫，在自由的氣氛下引導他參與學習，走向自我履行(self-fulfilling)，因此教師所擔任的角色是學習的引導人。自由是教育的福音，西娃(A. W. Sylvia)稱它爲尼爾禪(Neill Zen)❼；⑵感情的學習比智能的學習重要，知識本身並無作用，除非學生心理準備去接受及運用。自由的教育能增進學生自我意識，並使抑制的潛意識解放到意識層面，這是夏山學校學生對生命無所徬徨的原因，他們知道自己需要什麼，而且能夠實踐它；⑶重視現在的生活，不刻意爲未來生活做準備；教育如過於重視爲將來生活作準備，便會疏忽學習生活的本身，試想即使有高學歷和高薪的工作，如果生活得不好、不幸福，又有何用？關於這一點，杜威曾說，兒童今日給他過好的生活，便是他明日生活的準備；⑷學校教育應以創造力爲重，學生所學的智能應與內在自發性相互結合，塡鴨式的教育，對兒童並無幫助；⑸學校應當是一個民主的社會，夏山即是一個學生自治的學校，學規或生活規範，是在每週一次的一般校務會議中發展出來，它完全由學生自己來處理自己的事。西娃對於夏山的一般校務會議之評價認爲，比一週所學的課程更具價值。會議中，兒童練習公開說話，條條有理，毫無畏怯，學生們確能從中激發創造力，它所能給予學生的是最直接的知識(intuitive knowledge)[8]。

第六，師生友誼交融的可貴：學生在學校裡能跟教師認同，同時與學校認同，彼此能發展溫暖的感情。夏山本身雖是一個同儕社會(a peer society)，但學生確能從中獲得溫暖，學習合作，克服自卑，對將來社會生活，應有較好的適應能力[9]。

第七，重視人本教育：根據馬斯洛的理論，學習可分兩種，一爲外與學習(extrinsic learning)，即學習教師指定的功課和材料，包括知能和技能等等，它可以從講述、增強技術、練習等方法中學來。另一種學習是內在的學習(intrinsic learning)，它不是教師能直接傳遞的，而是透過教師的引導、協助，從身教感化中孕育出來的氣質、風度或胸襟，並因而發揮人的潛能而自我實現。夏山就是重視這種內在學習的好學校[10]。

□對夏山學校教育的消極性批評(即缺點)

第一，教育目的之不當：教育的目的絕非如尼爾所謂培養兒童的快樂工作和發現幸福。教育目的應在傳播人類累積的寶貴經驗，幸福和快樂只不過是教育的副產品，社會絕不願意像尼爾所說，把孩子教育成快樂的清潔工人⓫。

第二，學校遷就學生的謬誤：學校乃傳道授業解惑的地方，讓學校去適應或遷就學生，則學生將無所學習，而否定學校的功能。學校固應配合學生的興趣教學，但不能倒果爲因去遷就學生⓬。

第三，懼怕的價值值得商榷：夏山對懼怕的看法過於消極，對其價值過於貶抑。適當的懼怕並無不妥，我們必須承認，它可促進學生用功，以適當的懼怕促進學生用功，要比對學生束手無策爲佳。人類的文明本質上建立於懼怕，無懼怕我們不會積穀防饑，無懼怕我們不會研究科技醫學以預防災變和疾病。人惟有臨事而懼，才有好謀而成的結果⓭。

第四，放任式自由之不當：放縱使學生流於嬉戲，造成學業水準低落。對兒童施以壓力，兒童才會用功⓮。

第五，夏山與其稱爲學校不如稱爲家庭：該校學生少，可以採取完全自由開放的教育措施，夏山像是家庭而不像是學校，各項教學安排和設計，不具普遍妥當性，該校充其量只能稱爲特殊的學校，其教學觀念如不予以檢討澄清，不宜普遍引用⓯。

第六，管理學生的方法錯誤：(1)反對懲罰不當：事實上，就工具制約(operant conditioning)的角度看，獎勵和懲罰是有效增進學習效果的工具；(2)兒童無需尊重權威及成人的觀念亦不足取：在教育上應先有權威而後才能培養自我約束(self-discipline)，因此，教育上不能沒有權威；(3)性的自由與放任亦屬謬誤：兒童長大成人，自能欣賞其身體的美感，豈可准許學生手淫而快意當前？(4)「工作對兒童不重要，遊戲最爲第一」的觀念亦有不當：該項教育觀念，對於以工作爲美德的傳統思想，無異反其道而行；(5)兒童不懂得事物之因果關係亦屬誤解：根據吉賽爾兒童發展中心及皮亞傑(J. Piaget)的研究，其結論恰好相反；(6)允許兒童破壞之衝動的謬誤：欲消除兒童的破壞衝動，不是縱容他破壞，而是予以適當的限制⑯。

第七，夏山的教育只適合於異常兒童：尼爾所引用心理分析的原理，只能適合於不良適應兒童的治療，不適合於一般兒童的教育與發展⑰。

第八，夏山是一個孤立的文化(island culture)：他以主觀想像之牆隔絕社會的關係，因此這所學校應多與社會溝通，而不宜採取故步自封(protective envelope)的態度⑱。

第九，尼爾的觀念是新瓶裝舊酒：許多評論者如洛夫利等人，認爲夏山的教育只不過是盧梭的翻版，其所應用的自由、愛、反對權威和浪漫，都是盧梭時代的思想，它既不合時宜，對兒童發展也無幫助。整個夏山教育思想，被洛夫利等人批評爲尼爾反抗權威的投射。

以上正反兩面的批評，使我們想起老子「正言若反」的銘言，教育理論沒有絕對的圓滿，不同的角度和不同的社會背景，就有不同的需要，自然孕育出不同的教育哲學和教育方法。經過正反兩面意見之陳述，再從我們的文化型態、民主精神及兒童發展的角度看，自由、愛、自律和自制等教育觀念是值得肯定的，不過對這些措施有建立標準之必要，過與不及都對兒童無益。關於標準的問題，我們仍不能忘懷弗洛姆對愛的解釋：愛包含的因素是關懷、負責、尊重與了解。至於自由、自治與自律，確需經過引導和教學設計，沒有經過教學設計的教育理念是盲目的，但只強調教學設計而無崇高的教育理想，教育也會變得落空。

在十五篇評論之中，人本主義心理分析學家弗洛姆所撰寫的一篇被編排在最後，它像是一篇結論一樣告訴我們：當前的教育，給予學生自動參與的機會不足，缺乏性靈的教育，使學生長大成人後，仍然經驗到生命的飢渴(a deep hunger for life)，甚至失去生活的活力。強迫灌輸以及不予適當的自由和關愛，使新一代失去朝氣，也正因此而產生反抗和暴力。今後的教育仍然要建立在愛和自由之上，斯能培養兒童的愛生性性格及對生命的尊重，才能培養有正義、肯負責、能愛人的人。夏山學校所以令人喜愛和矚目，是因爲它反映了當前教育所缺乏的部份。

英國皇家教育視察報告

一九四九年六月，英國皇家派遣教育視察員，前往夏山視察兩天，對於這所根據佛洛伊德心理學家所辦理的兒童中心學校，提出了一篇報告，其中對於夏山的教育有讚美、也有批評，玆摘要該報告的內容如次，俾便進一步對夏山的了解：

(一)對夏山學校一般情形(organization)之評論

1.學校不硬性規定上課，學生自由選課，出席率不錯，但對兒童幫助未必很多。

2.學生課業指導不夠。

3.一般學生的學業水準不高。

4.學生住校，缺乏個人生活，團體生活方面則多采多姿。

5.學生遇見校外來的視察，不懼怕，毫不在意，這種情況是一般學校所看不到的。

6.學生的藝術水準很高，寫作亦佳。

7.學生享有自由，同伴互相體恤友愛。

(二)校舍方面的評論要點

1.辦公大樓、餐廳、保健室、藝術教室、美勞工場一應俱全，兒童宿舍、教師宿舍均與花園相通，校園幽美，令人有度假之感。

2.校園寬敞，運動玩樂空間亦大。

(三)對教師的批評

1.教師學有專精，均能適應該校的自由作風，教師學歷高者不乏其人，有愛丁堡大學的英國文學學士、利物浦大學的碩士、劍橋大學研究生、倫敦大學文學學士、劍橋大學歷史學學士等，教師水準很高。

2.夏山校長尼爾的教育信心和耐性令人敬佩，人格高尚而富幽默感，待人慈祥。

㈣對學生的批評

1.兒童的表情和態度均表現得很快樂。

2.學生充滿活力和熱誠，沒有冷漠感、厭倦感，校園裡充滿滿足和寬容的氣氛。

3.夏山原爲問題兒童的聚集所，現在已不同往日，其與一般學校無異。

4.學校鼓勵兒童自動、自發、負責，養成學生純良的本性。

5.夏山學生離校後，並非不能適應社會。

6.學校依照學生興趣選課上課，且不以考試來強迫學生讀書。

7.夏山學校的氣氛非常自由、開放、民主，很能促進學生學習的興趣⑲。

從以上英國皇家教育視察報告中，對夏山的教育情形及其優點與弱點，就有更進一步的了解。原報告經英國皇家註明，如果發表必須全篇刊出，故特將原報告譯附如第十二章，蓋爲避免斷章取義，而有所誤解也。

柏斯登對夏山校友的追蹤報告

對於夏山學校的教育，表示熱中和興趣的人很多，除了上述的評論和英國皇家教育視察報告外，一九六四年美國的柏斯登先生，專程追蹤訪問了夏山的校友，了解他們的生活情形，由於他的追蹤報告，使我們對夏山的了解由片斷而及於完整[20]。

柏斯登目前是美國瑞布克州立復健中心(Raybrook State Rehabilitation Center)的首席心理學家及阿達克諮商中心的主任(Director of Adirondack Counseling)。他到英國追蹤訪問，只是爲了想了解這種兒童中心教育以及愛和自由的力量，是否眞的使一個人生活得幸福和快樂。最後他的答案顯然是肯定的。玆摘要如次：

第一，夏山學校有一般學校所沒有的五項教育特點，這些教育特點，給夏山的校友留下深遠的影響：

1. 促進學生對性的健康態度和對異性的關心。
2. 增進個人的自信，對權威處之泰然。
3. 提供兒童自由發展的環境，發揮個人的興趣和潛能。
4. 允許兒童依照自己的需要活動，設置良好的讀書環境，並予以誘導。

5.幫助學生解決問題，並以有益健康的方法引導他們。

第二，夏山的校友所建立的家庭均很幸福，他們溫文、慈祥，對自己的孩子亦給予充分的自由。

第三，柏斯登抽樣調查十五位夏山校友，他們表示離開學校後，對社會沒有適應上的困難。

第四，在夏山讀過幾年書後，養成自動與好學、不畏懼教師或權威的態度。他們離開夏山之後，求知的態度和渴望，像海綿一樣地熱切，他們一旦轉入專門職業學校或進入大學，便以很短的時間迎頭趕上。

第五，夏山校友懂得悠閒的休閒生活，另一方面待人熱情又具豐富的友誼。

第六，有少部份校友認爲夏山的自由沒有使他們獲益。這一類校友對該校的批評是：缺乏學業的傳授與指導。

柏斯登所作的追蹤報告，文字優美，以記述文方式表達，很能傳神。故迻譯附後(第十三章)，俾便深入了解，該追蹤報告的惟一缺憾是，缺乏具體的統計和細密的分析，以致無從進一步以量化來了解。

心理分析所提示的教育原則，未必一定要在夏山才能有正確的實現，夏山只是一個嘗試，更不是一個標準化的教育場所。我覺得夏山的教育措施在推廣上有幾點值得商榷：

首先我們應該注意，學校教育是社會功能的一環，無疑學校必須配合社會需要，方能發揮其功能。如果學校過於放任，使父母對學校職責發生懷疑，以致對子女的教育擔心起來，甚至不敢送子女到「這樣一所學校」唸書，則應考慮改進。其次，社會不斷地進步，知識與科技不斷地累積，如果完全由學生自由放任地學習，不做設計和誘導，則學習進度太慢，值此知識爆發的時代，難免緩不濟急。其三，文化素材爲歷代努力和經驗的成果，是人類智慧的結晶，教育工作者對此素材之傳遞責無旁貸，固然教師不宜用塡鴨灌輸學生，但透過有效的安排，使學生對之發生興趣，吸取前人的智慧經驗，其對「自我之發展與幸福」似應更有幫助。幼小或年輕的孩子，任其自動探索，對此高貴的素材未免疏漏，從文化素材及人類不斷累積知識的觀點看夏山，夏山難免有「兒科」之譏。

當然夏山亦有其優點，大部份的學生都學會自動學習，學習非僅限於學校的學習，更重要的是在畢業後還能不斷地探索，努力無間。許多有成就的人，他們始終保持探索和研究改進的習慣，自動學習是人類不斷成長、不斷發明和創造的根源，同時也是喜悅的心情、開放胸襟和自我實現的基礎。其次，愉快的童年和青少年生活經驗，是人格發展的重要條件，個人情感和情緒的來源無不盡萃於此，夏山做了這個教育決定，使夏山校友表現了愉快、開朗、進取的共同性格。其三，一個開放的、允許的、自由的學習環境，養成學生的好奇、思考和創造的習慣。他們因自由而探索自己的興趣和能力，因爲成功而感受滿足感和愉快，更因滿足和愉快而有信心，這是弗洛姆所謂一系列的充分誕生的坦途，同時也是教育工作者不可不注意的重要途徑。

根據上述的討論，筆者對於自由的學習，試作結論如下：

一、自由學習(自動學習)是一項可取的教學策略，特別是對於國小的階段。

二、引導學生自動學習必須由訓練有素、經驗豐富的教師擔任，否則不易獲得良好的效果。

三、一般的學校一樣可以提供自由、開放，接受和允許的學習氣氛，不一定要在「夏山」始可實施。

四、教師是教材和學生的橋樑，教師應成爲反應敏捷的引導者，引導學生對教材發生興趣。

五、教材和教法應注意經驗的內容，而不是偏重片斷知識的記憶或知性化(cerebration)，如此才能使學習的結果產生能力。

六、支持學生的自信、自尊、興趣、好奇，是成功教學的必要條件。

七、師生溝通的方法必須建立在尊重、了解、關懷的品質上，師生必須是共鳴而非對立、壓制或順服。

附註

❶Edited by Hart, Harold, H., *Summerhill: For and Against*, New York, Hart Publishing Company, Inc., 1970, p.7.

❷Neill, A. S., *Summerhill*, pp.19—45.

❸Michael Rossman's essay, *Summerhill: For and Against*, pp.140—155.

❹Paul Goodman's essay, *Summerhill: For and Against*, pp.213—215.

❺John M. Culkin's essay, *Summerhill: For and Against*, pp.26—31.

❻Ashley Monagu's essay *Summerhill: For and Against*, p.49.

❼Sylvia Ashton-warner's essay, *Summerhill: For and Against*, p.202.

❽Goodwin Watson's and Sylvia Ashton—Warner's essay, *Summerhill: For and Against*, pp.175—184, p.202.

❾Nathan W. Ackerman's essay, *Summerhill: For and Against*, p.224.

❿Eda J. Leshan's essay, *Summerhill: For and Against*, p.136.

⓫Max Rafferty's essay, *Summerhill: For and Against*, p.13.

⓬同上，頁一四。

⓭Max Rafferty's and Fred M. Hechinger's essay, *Summerhill: For and Against*, p.13, p.35.

⓮Nathan W. Ackerman's essay, *Summerhill: For and Against*, p.167.

⓯Fred M. Hechinger's essay, *Summerhill: For and Against*, p.34.

⓰Louise Bates Ames essay, *Summehill: For and Against*, p.78.

⓱同上，頁七九。

⓲Nathan W. Ackerman's essay, *Summerhill: For and Against*, p.243.

⓳Neill, A. S., *Summerhill*, p.77. Report of The British Government Inspectors.

⓴Bernstein, E. B., *Summerhill: Follow-up Study of Its Students*, Journal of Humanistic Psychology, 1968.

第九章　結　論

心理分析對教育理論的貢獻

教育哲學和教育科學，爲教育研究與發展的兩大系統；教育哲學的屬性是導向，教育科學的性質是過程，前者爲教育發展的體，後者爲教育設施之用，相得互用，教育斯能日新又新。心理分析既非教育哲學又非教育科學，欲論其在教育學上的價值殊難評估，惟就上述研究結果觀之，佛洛伊德所料：「心理分析將注定要對許多知識領域，提供最有價值的研究。」可謂雖不中亦不遠矣。如今心理分析在教育上所發生的貢獻和影響・確已如其所料「開花結果」。其在人性、心靈、人格與道德、知識與理解，以及對人的研究取向上的成就，正引導教育走向人本的目標。

心理分析在教育上的價值，必須從整體性、發展性和目的性三個角度來衡量，從整體上說，它是提供了情感和理智的不可分性，爲今日所謂整體教育(confluent education)奠定了基礎。從發展性看，其進化觀肯定了人類提昇自己和生長的可能性，對教育功能的積極下個有力的註脚。從目的性看，其對人類幸福及個人幸福的關注，擴充並周延了教育目的本質。

如前所述，心理分析對教育哲學的三大範疇提供可貴的與料，使教育哲學更能清楚地認識心靈，特別是潛意識的發現，使我們能涉思心理歷程隱晦的一面，尤其是動能方面的智識，使教育界考慮到「兒童中心」教學的必要性。其次，教育學家在討論知識的性質和認知的過程方面，以往從未涉及人格因素，如今心理分析學家道破了人格干擾認知的秘密，指出焦慮破壞創造的思考，使今日教育重視情感和人格陶冶。此外，心理分析學家還警告我們：知與行之間尙有距離，知性化使一個人知而不能行，如果不以體驗的方式進行教學，一味使用解釋，則知與行將疏離，情感和理智必分家，這將是教育上的失敗，最近所謂「人格化」的教學，即是避免知行脫節而設計的教學方法。道德教育方面，心理分析學家提出了道德的心理學意義，強調人道良心和極權良心的不同，他們相信道德目的應是培養健全的「自我」，而非建立強有力的「超我」。強有力的超我所構成的極權良心，不但使人屈服於內在化的權威，且權威一旦解除，道德力量即告瓦解。綜上心理分析對教育的貢獻，我們不難理解，它不是在重建教育理論，而是提供有關人類本身的知識，做為教育導向與過程批判的依據。

人類自感性文化發展到顚峯以來，所創造的事功足以自傲，但是對自己生活的精神狀況，不但未獲改善，反而墜入焦慮、怠倦、不能知足、沒有快樂的深淵。心理分析學家稱這種「生活無能」現象爲時代病，他們提供教育工作者一些教學原則，如提供學生良好的學習情境，引導自我實現、注重人格陶冶等等，以培養豐足和自在的情懷。他們對這方面的貢獻，可謂導向和過程兼具。

心理分析的研究方法，常被批評爲「以描摹解釋設定」，其實這個批評並不允當，心理分析的方法實際爲「透過描摹與了解以研究行爲的原因」。他們不是用描述來解釋設定，而是分析種種現象以歸納其原因。馬斯洛等人亦曾批評心理分析爲病理研究，固然不錯，他們從病理下手研究，但其終極目標乃在追求健康的人，何況病理的研究，正好給我們在教育提供「避免錯誤，勇於改正」的知識。心理分析在做爲教育科學的輔助科學上，其貢獻並不亞於任何一門教育科學，對教育的種種建議，正因爲從病理的研究中獲得，所以才顯得更發人深省。

從心理分析看我國當前教育

心理分析除了對批判教育理論及導向有所建言外，在教育實務上的貢獻，亦深具價值，經過夏山學校的實驗和考查討論，發現它對我國教育有下列幾點啓發性：

第一，教育的內容包括德、智、體、群、美等，這些教育內容，必須建立在人格教育上才能落實，才能統整而產生最大的效用和價值。沒有健全的人格，不但不能應用所學或有效的工作和發揮潛能，相反地可能使一個人抑鬱不樂、冷漠、不負責，甚至把所學用在暴力及犯罪上。我國經濟與科技發展快速，而工技社會的生活病態如焦慮、緊張、不負責、疏離感等，正像傳染病一樣逐漸普遍起來，政府愈是呼籲守望相助，人們愈是自掃門前雪；愈是高嚷經濟活動上的公德，經濟犯罪愈是有增無已，其主要原因仍應歸諸人格教育上的疏忽。

第二，教育工作建立在愛上，而愛是教師人格所發揮出來的能力，因此，師資的選擇和養成都強調人格的陶冶。教師惟有能愛學生，肯負責，懂得尊重學生的個性，了解學生的需要，才算是眞正的關懷。

第三，教育必須重視學生自律和自治。自律和自治是民主國家最重要的生活規範，學校如不予適當的訓練，不但很難把民主政治的水準提昇，而且國民在民主生活的適應上也有困難。

第四，懼怕和焦慮是心理生活的死敵，在教育上應注意消除它，目前我們的青少年爲升學考試所產生的焦慮，已足夠損害其心理健康，每天背著沉重的書包，一週一小考，半年一大考，三年一總考，不但沒有時間發展自己的潛能和興趣，其焦慮緊張的考試生活，亦足以扼殺其創造力。因此，考試問題仍爲當今教育上，亟待研究改善的課題，最近教育部已針對此事著手改進。

第五，學校完全以課業來評量學生的成就，使得功課較差的學生得不到成功的機會。這些學生每天過著挫敗的青少年生活，學校又沒有提供發揮所長的機會，極易造成牢固的自卑情結，無法從中超越出來以發展自己的創造力，而致輕者失去生活的朝氣，重者將鋌而走險，趨向暴力和犯罪，殊値注意。

第六，對學生的體罰及苛責，在傳統的觀念裡是「愛之深，責之切」，但過份貶抑兒童或青少年，所得到的是強烈的反效果，自卑、反抗、傲慢或暴力均因不適當的批評和苛責所致。心理分析學家警告我們，當一個人的「自我」經常受到貶抑或否定時，便產生無能感，它是一切品德及精神敗壞的根源。

第七，心理分析所揭開的動能現象、潛意識活動、抗拒學習的原因、轉移和認同之應用等等，教師可善加應用，對於提高教學效果具有肯定且積極的價値。

第八，自由與自動學習，可以引發學生主動從事探索研究，從謝爾的實驗中，我們可以肯定，有計畫地引導學生自動學習是一件教育大事。培養一位能主動學習及自己教育自己的人，才能對社會提供創造與服務。科技與學術的進步，是靠這種人孜孜不倦地研究而創新發明的。

第九，吾人必須認淸夏山學校及尼爾的教育主張，並不代表已將心理分析學全部應用於教育上，相反的，夏山學校只是應用心理分析學的部份建言而已。因此，如何應用心理分析學的研究發現，以增進教育之正常發展及提高教學效果，應是我國教育界今後有待研究努力的工作之一。

以上所討論者，均爲心理分析對教育之積極價值，惟任何學理均有其優劣得失，在應用上不可不審愼裁量，心理分析之於教育，有其積極可取的建言，也有必須小心謹愼的陷阱，茲列舉三點，俾供應用時之參酌：

第一，心理分析過份強調兒童早年的經驗，特別是重視幸福的經驗，以致偏重「做中學」，甚至極端到「從玩中學」，易於忽略有組織有系統的教材傳授，往往導致學業水準的下降。事實上，我們不但要注意兒童的幸福，亦應注意知識及生活經驗的教學。

第二，目前各類學術進步快速，知識也不斷累積，爲適應實際需要，已有不斷延長受教育年限之趨勢，如果在教學上強調由兒童自行摸索，對兒童而言固然能引起他的興趣，但頗有浪費寶貴時間之嫌。爲了融合學生的興趣及知能之發展，應注重有計畫的探索訓練，在教學上應採用史其曼(Richard Suchman)的探索訓練模式，做爲補救。

第三，自由固然可貴，自治和自制也是民主社會必備的公民能力，但如果不透過良好的教學設計和有經驗教師的引導，學生很難做到自治和自律。一個缺乏經驗或沒有教育熱忱的教師，會把自由誤用，造成教育的荒蕪現象。

最後，我們仍需要認清一點，心理分析不是一門教育哲學，亦非教育科學，它只是一門輔助性的學科。它經過八十年來的研究與發展，已有足夠的研究成果，來作爲教育理論批判及教學上之應用。特別在如何培育下一代去適應機械化的科技社會生活方面，以及如何培養健全人格方面，貢獻卓著。其在教育愛及兒童教育方面所提出的建言，亦頗值得教育界省思接納。

作完本研究，深深體會人性的微妙和尊貴，了解得愈多愈覺得愛和意志的珍貴，在教育工作上也愈覺得戒愼恐懼。《尙書・大禹謨》所謂：「人心惟危，道心惟微，惟精惟一，允執厥中。」確有一番深遠的道理。我想，做爲一個教育工作者，惟有能用意志和愛去關懷學生，以允許、自由和支持去鼓勵兒童或學生，孩子們才會茁壯起來，成爲旣幸福又有能力的實現者。

第4篇 心理分析在教育上的應用與追蹤

提要

本篇是本書的外四章，它包含四個心理分析與教育的重要文獻，可以算是本書附錄，但由於它很具參考價值，且與前面三篇關係密切，故專列一篇，以便讀者對心理分析在教育上的價值與關係有更深切的了解。這四份文獻分別爲「謝爾對自由學習的實驗報告摘要」、「體罰的心理分析」、「英國皇家對夏山學校的視察報告」、「柏斯登對夏山校友的追蹤研究報告」，均生動感人，頗多發人深思，對於教育子女及擔任教育工作者，甚具參考啓發之價值。

第十章　謝爾對自由學習的實驗報告摘要

本實驗報告是美國一位六年級老師謝爾所做，是有關自由學習或自動學習的實驗報告，它被羅吉斯(Garl Rogers)摘要收入其所著《自由學習》(*Freedom to Learn*)一書中，並附羅氏的評語。報告內充分表現自由可以引發學生的自動學習，但必須透過有經驗之老師的指導和教學設計。謝爾與尼爾同樣重視自由及自動學習，但前者是有計畫並具引導性，後者則採放任方式，由學生自己去發現。兩者相較，謝爾的實驗似較夏山學校更具積極性，更具參考價值。(本文曾由筆者譯載於台北市立師專《國教月刊》，六十五年九月。)

本文大部份是一位老師的日記，它生動地敘述處理頑皮學生、抱怨的父母、呆板的課程以及訓導上種種問題的經過和困惑，所言頗能發人深省，對於教學上很具參考價值，我希望讀者會像我一樣體會其中眞諦。自動學習乃教學上根本之計，甚至對於成就低的學生，亦應抱著這種教學信念，這份報告確能激發吾人高度的熱忱，向未具效果保證的處女地挑戰。

謝爾老師是在挫折和失敗之餘，決定在任教的班上推動一項新的教學嘗試，她將試驗的過程、困惑與猶豫描述得淋漓盡致，其創造和嘗試的勇氣，實可做爲教師的典範。

謝爾老師的實驗未必適用於每位老師，但她能大膽地給予學生自由，針對教學上的缺點，做種種應變和嘗試，在教學上確是一件非常有價值的事。

實驗摘要

□實驗的情境

我初閱謝爾老師的報告，對其實驗的內容發展興趣無比，於是寫信請教她有關問題，她函覆如下：

我擔任六年級的老師已經十三年，這個班級是我教過的學生最差勁的一班，他們缺乏興趣、家庭有問題、智商由八二至一三五不等，全班三六個學生，有的成就水準很低、有的適應不良、有的情緒困擾。

針對這種情況，我不斷研求解決的方法，但收效微乎其微，他們惡名昭彰，有些因違警被拘留、有些因累犯而受押、有些則因故輟學，他們的行爲和種種問題使我異常苦惱。此外，學生的父母大抵懷著防衛或不合作的態度，他們往往爲了孩子的問題咒罵學校和老師。

這是一個困擾的情境，但由於謝爾老師的觀察和研究，終於採取了「學生中心的教學（student centered teaching）」，並全力付諸實驗。

大約一週前，我決定對這個班級試用一種新的教學方法，這是以學生爲中心的教學——非注入性或非指示性的教學方法。

我向學生宣佈，我們即將嘗試一種實驗，並解釋道：可讓同學們做自己喜愛做的事，假使自己不想做什麼，可以什麼都不做。

實驗開始，許多學生選擇藝術爲課題，教室裡有的繪畫、有的閱讀、有的做數學，有幾個學生由於工作的興趣，甚至廢寢忘食。

第一天結束，我們對實驗做了評價，有些學生認爲非常有趣，有些學生則感困惑，他們覺得無所適從。

班上大部份的學生都覺得「今天眞棒！」但吵鬧喧嘩倒是事實。他們都覺得與通常完成的工作一樣多，也樂於在無時間限制及外在壓力下學習，當然學生也喜歡沒有壓力的工作，更喜歡自己決定所要做的工作。

由於學生的要求，決定繼續實驗幾天。

次日早晨，我用了工作契約(work contract)的觀念，使用一種表格，在上面建議了許多課題，另有空白供學生做計畫，並提供作業完成時核對的答案。

每個學生依其所好，選擇當天想做的工作，並做成計畫，根據手冊核對更正，這些資料與契約一起夾在資料夾給學生。

我跟每個孩子討論計畫，有些孩子很快就完成，有時以小組討論的方式，跟他們討論計畫的意義及作法，學生們也常因計畫不合己意而建議更換。我視學生的需要，提供適當的學習資料、作業及建議。

這種教學有較多的時間與學生討論，也有較多的時間單獨和學生相處或做小組會談。除了四個學生外，對此實驗都感到無比的興奮和興趣。這四個學生覺得不安，希望特別指派功課，其他學生都希望繼續實驗這種教學。

我所遭遇的最大困擾是訓導問題，學生們在老師的外在管教移去時，便失去了自制，許多困難來自學生想做什麼就做什麼，各種問題的結合，導致成天打架戲謔的現象，影響學習甚大，這種情形令我對他們的成就和進步非常擔心，但我仍時時提醒自己：這些學生是在舊式教學——嚴格管教指派功課下失敗的，表面上他們似在胡鬧，但也許正在學些什麼。

我考慮過針對問題做適當的管理，但又擔心恢復嚴格管教，勢必造成實驗的失敗，我自忖能再忍耐一些時候，也許會建立學生的自制力。

說來有趣，這個實驗也帶給學生困擾，他們說：「新的教學方法確有困難，因其誘惑性太大，易於造成喧鬧。」可見他們未必如我們所料的那般頑皮。

學生逐漸進步，照自己的計畫做功課，甚至比預定的做得多，他們對上學感到興趣，彼此能交換意見。此外，學生認爲我也改變了，因爲我停止他們做符合我的標準和我所指定的功課。

實驗充滿著刺激、輕鬆和愉快的氣氛。

有趣的事終於出現了，我發現他們在繪製汽車設計圖，他們討論、計畫並將汽車改進的過程做成圖表，合力設計未來的汽車式樣。我對他們能參考百科全書及自行攜帶參考資料感到非常安慰。他們一起工作，有些從模型開始，有些從收集圖片開始。

從新的領域開始了新的觀念，自動與創造已慢慢地在教室裡生根。

學生們做了許多與其興趣直接間接有關的研究，許多學生很快完成了一年所要完成的工作。對我來說，最重要的事情是，他們自發自動及自我負責的態度已明顯地發展出來。

進展報告(三月十二日)

實驗經過適當修正後，已成爲我們的教學方法，有些孩子仍因沒有指派作業覺得無所適從，訓導仍是個問題。我體會到學生們需要這種方法，也了解對他們的期望不可太高太快——他們未能對自我指導做良好的心理準備——必須像孩子斷奶一樣慢慢地適應才行。

我把學生分成兩組，一組實施非指導教學，一組實施指導教學，由學生們自行決定組別，如果學生無法適應自我指導，便調回教師指導組(teacher directed program)。本來我想讓不能適應的學生繼續嘗試下去，但我擔心他們可能會影響全班的學習，於是將整個計畫做了以上的修訂。

繼續實驗的學生逐漸進步，我幫助他們計畫功課，並使用教科書做成指引，他們學會如何指導自己及相互討論，遇有困難時，我才幫助他們。

一星期後，學生們從多方面評估自己，包括功課的品質及正確性等等，我們體會到錯誤不是評定成敗的標準，錯誤是學習過程的一部份，透過錯誤才能正確學習。學生普遍獲得高分，也許是教學不具挑戰性的結果。

學生在自我評估(self-evaluation)之後，拿著評估表和工作卷宗跟我討論，他們焦慮而獨立自得，我們經常在一起評估進步的情形。

有兩、三個學生，原先在教師指導組，現在回到自我指導組

進展報告（三月十九日）

今天就老師的立場而言，可以說稱心滿意，因爲我們又邁向新的旅程。當我對教師指導組的學生做個別評估時，發現他們渴望回到非指導組的學習活動，也認爲自己對責任有所了解，因此決定參與非指導組的實驗。

有個學生想轉到自我指導組，由於他的母親反對，我勸他先跟母親商量後再做決定。

我們也做過口頭評估，討論父母對該實驗的反應，有一個孩子說：我母親認爲這幾乎是放棄教學。另一個孩子說：我父親以前也曾嘗到自我負責的滋味，他贊成這種嘗試。

我和學生商討幫助家長了解這項計畫的方法，他們建議將每週的功課卷宗帶回家，讓父母眞正明瞭在學校做些什麼，也讓他們知道契約上的功課可藉討論而學習。

我儘可能不干涉他們，小組和個人都在進行他們的計畫，這是有創造性的、有回應的日子。

有時我的心情徘徊於擔心和樂觀之間，內心交織著希望與憂懼，我的情緒隨著冒險而忐忑不安，有喜有懼。有時我覺得充滿信心和快慰，因爲實驗進行得非常順利；有時我被團團疑雲所困，因爲往日的教師訓練、權威的傳統、學校所規定的課程和報告卡對我產生威脅。我必須有良好的約束力，特別是當學生們群居終日言不及義的時候，我必須提供他們發展自制的機會，這是一個很大的嘗試。

我了解一個人必須對自己有信心(安全感)才能產生自制力，爲了消除教師指導組被動接受的態度，我引導他們了解並接受自己。

□程序

在另一個報告裡，謝爾小姐又談到實驗期間學校的情形。將它摘錄下來，讀者可進一步了解實驗的情形：

每天都在不拘形式的情況下開始，學生們第一件工作就是擬具契約和計畫，我有時參與一兩位同學的工作，跟他們共同設計。學生們經常重新編組，有時一個人單獨工作，有時幾個人組成小組。

學生逐漸能迅速擬定計畫，然後依計畫學習，他們可以依自己所需安排工作時間。由於教學上必須遵照州訂教學時間表，於是我向學生們解釋週課表(the weekly-time-subject blocks)，希望他們作計畫時能列入考慮。我們也注意到有系統的學習，特別是數學及技能方面。學生們了解到教科書能介紹有關知識，提示解決問題的方法，提供作業及測驗考核的資料。當他們想繼續做下去，就讓他們依自己的進度、水準，自由地學習，他們能自我鼓勵，向前學習。

我經常接受一項挑戰——「怎麼教呢？」孩子們也懷疑，除非老師口授、指導或解釋，否則無法學習。但我的答案是：要孩子們能自己或彼此互教！

個別或小組的計畫牽涉到全班一致性的或全班感興趣的題材，就在黑板上公開演示，並列入個別作業。例如放演介紹南美洲的影片，讓孩子們觀賞到能記述內容大綱，做出摘要，並繪製圖片爲止。

孩子們都認爲討論他們所遭遇的問題是必要的，我們常把書桌擺成圓圈，鄭重其事地座談，我們也進行音樂歌唱及體育表演。

因爲「評估」由學生自己做，評估的結果又受老師尊重，學生無需對自己的成就存心欺瞞。我發現「失敗」和「做錯」顯然不同，錯誤是學習過程的一部份，失敗將造成無能。

在藝術課方面，由孩子們自己決定材料、顏料和題材，學生們由動手中發現新的技巧及顏色調配，作品中沒有兩件是相同的，也頗具獨立性和創造性，很快地，學生有了信心和嘗試的興趣，這比起指示性的學習在效果上更令人興奮！

孩子們建立了工作紀律，了解了獨立與冷靜學習的重要。課堂上交換意見是受允許的，因此，他們不需要傳遞紙條，更不需要對教師裝著一副忙碌或有趣於功課的模樣。我們尊重深思、公開創造，這是彼此間相互了解的機會，孩子們由交往而學會思想與情感的溝通。

□最後記載

謝爾小姐的最後記載，顯示了試驗的冒險和樂趣：

進展報告（四月九日）

我寧願用自我指導(self-directed)一詞，而不用非指導性(non-directional)一詞來說明我的實驗，因爲這樣較能説明實驗的內容和過程。

「指導」在意義上是讓學生在指示性的課程裡學習，「自我指導」則使孩子們在一個基礎制度下，負起自己計畫、自己指導的責任。在此觀念下，本實驗只有四個學生不能適應，這四個依賴慣的孩子，當他們能夠擔負一些責任及做一些決定時，我也隨機給予嘗試的機會。在評定等第上，我領會到孩子們生長的意義。最值得注意的是孩子的成就，無法以單調的等第來表達，它既沒有明確的意義，又不能表示學生的差異——學生每生一智，在心靈上便發生一個變化，這個變化是等第無法表達的。

學生們在交往及社會發展上有所成長，但卻無法測量其態度、興趣及自我充實的自豪，這些屬於「存在的醒覺」的品質，教師如何評定呢？又教師如何評估學生的自治呢？這對我來說是簡單的，但對別人則不盡然！我認爲評估只是一個表示，學生們如果能獲得較好的評語是高興的，教師如能減少墨守成規的考核也是他們所喜歡的。

從評量學生的工作中，我發現學生很達理，能了解自己的能力及其與成就的關係，我很少更改等第，如果要的話，我必定給予好的評語。

這個實驗證明我們經得起各種困擾的考驗。當然，我曾爲許多問題沮喪，承受很多失敗和挫折，但我確知如果教師扮演警察的角色，將招致徹底的失敗。

實驗非常順利，我將這群孩子帶上進步的路子。

現在我對這群孩子刮目相看了，他們自信、自動、活潑、懂得學習。我曾要求依自己的計畫繼續教導他們，雖未獲實現，但我相信他們在家庭作業及自我指導的自由進程上，將繼續進步，直到自我實現。

這個教學方法所以能成功，是因爲拋棄了權威的角色，使教師與學生獲得充分的溝通和喜悅，這是自我發展最好的機會，他們不但學會創造、自動自發、思考，同時在自我接受及自我了解上有很大的獲益。

在實驗中，當我看到孩子們沒有做我認爲該做的功課時，我一再提醒自己：「最終目的是什麼？」如果我指定他們功課，那麼所做的將不是他們需要的。在藝術及繪畫上，雖然水準未必好，但他們確實在作畫及用心想像；他們清閒懶散，也許是正在思想；他們話多了，也許他們正在學習社交和合作；打架了，也許這就是他們惟一知道的解決方法；數學習題做少了，事實上他們已確實了解。

進步使學生們對上學感到興趣，這種方法減少了中途離校和學習的失敗。

這個教學方法並不是萬靈丹，但卻是一個進步的臺階，每天都有新的嘗試和挑戰，也許是片刻的壓力，也許是一番關懷或喜悅——學生們就站在這個階梯上向前跨去，邁向自我實現的目標。

□幾項結果

謝爾小姐給我的信函中除了說明她的計畫外，並指出一些變化，她說：

我繼續這項實驗直到學期結束——兩個月後才做出最後的報告：這些孩子還在繼續變化，他們仍有吵架，但已懂得關心社會結構——學校、成人、教師、同伴、財產等等，同時亦因之了解自己，逐漸減少吵架及發脾氣的情形。……孩子們自己建立了價值、態度和行爲標準，並遵守之。他們雖非天使般的好，但行爲上確有很大的轉變，不再胡鬧、很少違規入警察局、家長們也不再抱怨，當孩子們在學業和社會關係有顯著進步時，父母親的態度也大大地改變。

這些學生不再有「問題」了，學業也在平均水準之上，我堅信這些學生得利於這項教學計畫，他們建立了向上的熱誠、對功課感興趣，雖然學習緩慢，但卻能迎頭趕上，他們的成績令人訝異。

「學習困難」的學生也有顯著的進步，有些學生本來不會乘法表的，現在學會了。

我無法明確地解釋個中道理，但我知道：當孩子們發現自己能做而去做時，他們的自我觀念就會改變，如此使學習慢的人逐漸學得快，成功建立在失敗的經驗上。

許多學校裡自由的教學是不被允許的，但我被允許了，校長和督學對實驗很感興趣，並予以支持，但由於其他因素，我不能繼續教授該班，使得孩子們、家長、及我個人均深感失望。

後來謝爾小姐接受了另一班的教學，但她並沒有放棄和該班的同學聯繫，次年秋她寫道：

我收到校長的來信，他說：我必須告訴你……你的學生所從事於建設性的活動遠比破壞爲多……，眞的，你可以因你的貢獻而自豪……我對你的學生無所挑剔，這生動的教學方法，已收到良好的效果，他們的表現眞是令人刮目相看。

謝爾小姐繼續寫道：

假使三個月的自我指導能夠產生這麼穩健的效果，試想在一個較長期的計畫下，天賦潛能之展釋又將何其大！這個令人興奮的教學計畫實在值得研究。

實驗的討論

謝爾小姐的報告在於說明她自己的教學工作，我的討論則針對整個普遍問題，當然我必須指出這個教學方法的特點，同時也要說明它值得推廣的道理。

□信念

顯然，謝爾小姐信任一種教育哲學——自我指導和自由可以導致最有意義的學習，它不但是一個實驗，同時還代表著一種教育信念。本實驗的另一重點，正如她所說的「有些老師嘗試了這種教學試驗，結果失敗了，因爲他們沒有眞正的信念，他們只是被我生動的報告，及希求學生進步的熱忱所感動而已。」

沒有信念的老師把這個計畫當做一個新的方法來實施，給予學生自由和自我指導，必將遭致徹底的失敗。信念和信心是教學成功的要件。

□評鑑

謝爾小姐所用的教學觀念是有根據的，她信任自己的判斷，知道如何取捨，是自己實驗自己的計畫，而非實驗別人所擬的計畫。

整個實驗中評鑑和判斷的心證非常重要，當計畫未能如願達成時，她決定分爲二組，一組爲自我指導，另一爲教師指導組，雖然在原計畫中並未如此構想，但機變措施確屬必要。在整個活生生的教學情境中，包括她自己的情感、直覺以及對事情的判斷，都保持著彈性，並適時採取適當的措施，她不是爲迎合別人或遵守所謂的正確的教學模式。她是在活生生的情境下生活、工作和做決定，因而能確切地察覺困擾的因素，並處理所遭遇的困難。

□務實

這種根據實際需要做適切機變的措施，值得我們佩服。我不曉得她從何而來的靈感，發展出「學生自動設計的契約」觀念，我知道這種觀念早有別人提出，但她確能活生生地運用。

在這種教學情境下，學生接受她的約束是很自然的，孩子與成人一樣，當置身於一個社會和團體時，將會接受該團體的合理要求，亦即當我們給予一個小組自由和自我指導時，其成員在自由所賦予的向上心是易於接受其約束和義務。因此學生能在她的要求下完成工作，並且繼續去接受有趣的活動，甚至彼此研究解決工作卡上的問題。

□小組解決問題

謝爾小姐對於小組的潛能深具信心，這是她能掌握學生、矯正其不良行爲的主要原因。我懷疑她是否明眼預見父母親的懷疑態度，而這種態度將影響她的教學計畫，但此種情形正如其他方面一樣，由於信任小組解決問題的能力，及對情境自由檢討所產生的建設方法，幫助她解決了困難。

□經驗

假若謝爾小姐是初次執教，她能對這次教學穩操勝算嗎？我不敢相信。事實上，她多年的教學經驗，給予她處理教室所發生一切問題的信心，更使她能放心地著手新的指導方式。

這個教學的另一事實是，學生與教師所建立的友誼關係，它是造成學生行爲改變的重要因素。當學生意識到需要改變行爲時，老師也以非正式的方式提示他們討論，因此改變將深植於學生心中，假使是一個沒有經驗的老師，是否能注意這項工作，我實在不敢肯定。

□支持

謝爾小姐很幸運地得到校長和督學的支持，這使她安心進行實驗冒險。「支持」通常均被低估，據我所知，許多老師都認爲不會得到上級人員的支持。其實行政人員就如同教師一樣，他們歡迎改變及實驗，至少他們會給予機會。

□溝通

自我指導教學實驗一年後，謝爾小姐應邀到另一個地方，爲學習困難的孩子設計並指導教學。教學的目標是：不祇是提供學生經驗和自我指導的課程，且要給予老師同樣的機會，因爲老師也一樣需要支持和了解，才能面對實驗所帶來的各種困擾。謝爾小姐寫道：

參加教學的老師上午參加學生的工作，下午則與心理學家組成教學小組或會商小組，研究討論上午的經驗、感受和態度。這不是單向的講解，而是多向的溝通。我們希望老師也能在同樣情境下體驗到自我指導的滋味，以便影響學生自我指導。幾乎每一位老師都會發現，當這些調皮的孩子擁有自由時，會產生許多問題和困擾，因此教師必須經由溝通才能改變自己學生的感覺和態度。

大體說來，這篇文章是謝爾老師嘗試自我指導教學的大部分日記，關於自我指導教學，謝爾老師在她的結論中還說道：

沒有一個人能將這種嘗試的艱辛一語道盡，我們深深地走進內在的自己，困擾、敵意和需要都深深地影響老師，整個的實驗必須審愼從事，才有好的結果。

對我來說，擔任教學指導是一項新的考驗，我誠惶誠恐地想著我能做得好嗎？失敗了又怎麼辦？超出我能力範圍之外嗎？我遭遇了許多難題，也體會到我對一大群學生遠不如對待一小群學生來得有耐性，更體會到將教學方法付諸實施與對坐討論大有不同。

謝爾小姐這篇六年級教學實驗，在本質上確可做爲其他老師的參考，但這項教學惟有在老師經驗到較多的自我指導及「溝通」時，才會有好的效果，當然這個「溝通」包含著情感和態度，而非僅止於知識層面的溝通。

第十一章　體罰的心理分析

體罰在教育上被應用得很廣，常被討論也常受批評，但是許多人還是愛用它。教師和父母對體罰的評價人言人殊，本文以心理分析學觀點予以討論分析，或有助於進一步了解體罰的利弊得失及改進之道。本拙作曾發表於《仙人掌雜誌》（六十五年五月出版），題目爲「教室暴行的心理分析」，茲經酌作修正爲「體罰的心理分析」附後，併此誌明。

引言

「體罰」這個教學上常用的工具或方法，雖然早經心理學家證實爲不當，教育局也明令禁止，但是許多老師仍然沿用不諱。體罰的方法很多，但目的卻只有一個，那就是想用教師壓倒性的權威遏阻學生犯錯，並強制學生對課業的學習。有些教師對體罰用得較有技巧，因而獲得家長及學生日後的稱讚；有些教師用之過當，造成家長的非難和學生的憎恨。一般來說，對體罰的批評或非難，都是針對其過當而發，很少人從根本上注意體罰對學生的嚴重影響。

人往往不能自覺，當一個人接受體罰的教育，而產生不良影響時，由於它深植於一個人人格的核心，他不能察覺，反而讚美體罰給他帶來許多好處，這是教育上的錯誤在個人身上所種下的悲哀。

最近報紙披露一個國民小學老師罰學生吃糞的事之後，再度掀起了討論體罰的熱潮，行政當局再度發表禁止體罰的談話，輿論界接二連三地撰文剖析討論，家長們也在茶餘飯後談論這個問題。關於體罰，有些人認為只要能適當運用，實不失為教學上、策動學習、糾正過錯及扭改惡習的有效方法；有些人則認為體罰實在一無可取，因為它導致學生對學習的憎惡，破壞了自動學習的原則，阻礙了學生創造和思考的天性，此外它還影響學生人格的健全發展，造成反抗、呆板和畏懼或退怯的行為。正反兩種論點，似乎都能舉證說明，各言其是，因此，體罰這個問題也就是在見仁見智的觀念下，和輔導兼容並蓄，在剛柔並濟的幌子下，體罰還是普遍受到社會的默許，因而儘管教育當局如何禁止，體罰之事仍然一再發生。

三種體罰的動機

教育當局一再明令不得體罰學生，但是體罰卻在各個學校普遍進行。教師們何以甘冒犯禁之嫌，一再沿用體罰呢？這是一個研究體罰何以禁止不了的重要線索。根據分析，有三種體罰的動機：第一，老師對學生抱著責無旁貸的熱忱和關懷。當他們對某些學生一再的啓導、勸告和鼓勵而不顯效果時，開始採用體罰的方法。他們認爲不良的行爲及觀念已深入學生的心理時，只有訴諸體罰，才能引導悔改，促進學生審慎地改過自新。老師們愛及責任的動機下，以「打在手裡，疼在心頭」的心情，進行他們的教育。他們認爲不體罰將使更多學生變爲墮落，終至無可救藥的地步，自然而然的，這些老師們對於禁止體罰頗感憤慨。有一位老師說：「別以爲我們喜歡打學生，那眞是誤解了我們一番的苦心！因爲我把我的心完全灌注在學生身上，我實在不容許他們犯錯學壞！」另位老師則說：「如果你看到那種頑劣不堪的行爲，在屢勸不聽的情形下，你會產生不教訓他一番，就會有不負責任或愧對學生的感覺……爲了孩子好，我不惜冒犯禁止體罰的命令。」還有一位老師說得更爲具體，他說：「諸位，請不要把我們當暴徒！我們是負責任的，對於一個經常鬧事，沒有秩序及公共道德觀念的孩子，我們一定要負責糾正他，教導他改過學好，……如果你屢次相勸，他們還把秩序弄得糟透無比，你還勸他嗎？我在班上先公佈了紀律和罰則，違反者接受公平的體罰，如此約法三章，照章行事，學生們對體罰並不反抗，功課也因爲這樣而顯著進步！」此外，一個退休的教師，他對體罰做了回憶，他說：「我曾經教過一班學業成績差而又頑皮搗蛋的孩子，他們鬧事、偷竊、不用功，我採用的教育方法也是體罰，凡是違反紀律，不按時交作業，考試不及格和不寫大楷及日記，都要接受規定的體罰，這班學生三年之後多數考取了省中，距離現在已經二十年了，他們有良好的成就，有一個博士，二個碩士，還有許多位是大專畢業的，這些學生經常和我保持聯繫，常來看我，他們對體罰(打手心)的反應是『被打得服氣』。」這種抱著關懷及負責的態度使用體罰的老師，往往在某種層面上相當成功，而導致家長的感謝及學生的尊敬。但是這些人在他們完成學業之後，心理生活是否幸福呢?這是一個值得追蹤的問題。在我們的社會價值標準裡，能把學生教得乖乖聽話，能考上好學校，獲得高的學歷，那就是全部的成就，至於他日後是否眞有生活的能力，心理是否健康，生活是否幸福，是不列入考慮範圍的。

基於教學的熱忱而體罰學生，不管其副作用如何，教師至少是善意而淸楚的，他們只是不知道有其他更好的方法，可以取代體罰，亦即在沒有其他更好的方法引導學生學習向上時，才使用體罰。至於第二種體罰學生的動機恰恰相反，教師在強迫性及焦慮的情緒反應下體罰學生，他們滿口爲了學生好，嘴裡始終掛著「玉不琢，不成器」的口頭禪，對待學生的情感極不穩定，高興時對學生放縱，鬧了情緒便高舉教鞭，面露怒火，或設計出極不合理的懲罰，他忘了自己的教育責任，把學生當做情緒發洩的對象。有一位受過這種教師責罰的學生回憶說：「我在國民小學唸書時，有位老師賭博成癮，他對待我們的態度極不穩定，賭贏了便滿面春風，我們就可以過愉快的日子，如果輸了，便會滿臉陰霾，學生見了便人人自危。有一次數學考試我考了九十九分，適巧教師心情不好，我仍然難逃大難，被他撻伐了一番，他邊打邊嚷著：『這樣的錯誤！你不該有這樣的錯誤！』」另一位朋友則告訴我說：「我國小五年級的級任老師是我們的鄰居，他經常和太太吵架，每逢他們吵架，上課時學生不得出聲，如果有誰讓他看不順眼，穩要挨一頓揍！」這些心理本不健康的少數老師，潛意識裡時常採取隔裂和敵對的態度，平常很少表現出來，但他們被活潑調皮的學生們所激怒時，便會失掉耐性，衝動的怒火像猛虎一樣脫籠而出，敵對地向學生撲去，產生類似原始自衛的衝動，對學生發出攻擊。有一位老師因爲一時控制不住，對一位不守秩序的學生拳打腳踢，把學生打成重傷，後來他回憶當時的情況說：「當時我實在無法控制我的怒火，當我動手打起來時，我就像對付一個對抗者，無法自制，現在想起來，那種非理性的力量實在太可怕，如果當時發生意外，那該多慘，從那時起，我放棄了體罰，我深深地體會到佛洛伊德所說的『何處有本能，何處就該有自我』的意義，理智引導我們妥適地解決一切困難，有理智才有教育愛，沒有理智的愛易於變質。」愛是一種容受與回應的行爲，由容受而產生了解，由回應而引導學生進步。把怒火發洩在學生身上的體罰，雖然也可以用愛之深責之切來合理化一番，然而那是一種最失敗、最不負責任的作法。

老師把每一個學生視爲目的，是教育所以爲教育的根本原則，第三種體罰學生的動機，正好違反了這個原則，他們把學生當成手段，或把學生當做自己的一部份或財產的一部份來關心。因此，他的目的是擁有或達成自己的目標，而把學生當做手段，就像照顧牛是爲了要耕田一樣，養牛只是一個手段而已，最終目的是生產穀物。許多父母把子女視爲自己的一部份，把自己的理想當做子女的理想，希望子女完成自己完成不了的目標，或希望子女保持他們所成就的名譽和財產。在相屬的關係中，父母要求子女絕對聽從，爲了達到父母自己的目的，難免要使用壓制或鞭策的手段，因此，嚴苛的責備與體罰，成爲達成目標的手段。目前有許多老師對學生的關係也是一樣，他們非常自我中心地把自己的目的拿來代替「學生的目的」。這些目的可能是爲了提高升學率，以贏得學校和家長的稱讚，或表示自己的才幹高人一等，也可能是爲了校內競試爭取好的成績，維持自己的體面。教師本應以學生爲目的，現在在學生之外，另加一個目的，無疑地導致教師把學生變爲手段的局面。有一位國中老師說：「以前大學時所學到的自動學習、啓發誘導及學生個別差異之適應等等原理，一到國民中學，幾遭英雄無用武之地的命運，學校每週舉行一次週考，兩週舉辦一次競試，把各班的成績公佈在學校的穿堂上，這不單是學生的競爭，同時也是老師的競賽，於是每一位教師都戰戰兢兢地把學生當馬照顧，希望他們能在跑馬場上奪魁，至少也不能丟人現眼。我們必須嚴格地督導學生做功課，最常用的方法就是體罰，打手心可以逼出較好的成績。」教師教導學生是爲了學生上「考試擂台」爭取成績，而不是爲學生本身的成長和發展時，教育的意義即刻喪失殆盡，同時教學的氣氛和教育的結果，必然蹈入歧途。因爲把學生當做手段的過程中，教師已將學生的自尊損害無餘。

以上所述的三種體罰動機，其決定因素是老師，而不是學生，第一種責無旁貸的責任感，看來似乎接近愛，但不是眞正的教育愛。第二種是教師性格的障礙所引起，雖常假玉不琢不成器之美名，來進行其發洩式的關愛，但它絕不會是愛，它的深一層次動機是恨。第三種動機顯然受到現實主義曲解之後價値的影響，爲了升學和名譽，把學生當賽馬上的馬或擂台上的選手。這三種不同動機的體罰，除第二種外，一般人都誤認爲他們是好教師。事實上，他們並非良師，如果我們從體罰的後果來分析，便可以對體罰的價値做一完整的了解，施行體罰的老師是否良師便不言而喻了。

屈從的良心與人道的良心

教師愛用體罰，是由於體罰對學生具有壓迫力及懼怕感的特性。體罰和獎勵一樣具有無比的催動力。先就獎勵而論，學生為了獲得獎勵，在功課上必然全力以赴，爭取良好成績，在行為上必須柔順聽話、世故合俗以獲教師的稱讚，如此才能取悅掌握賞罰權威的教師。當學生為了取悅於人而念書，為了爭取師長的垂青而聽話，知識和道德本身的價值即已喪失殆盡，它充其量只不過是取悅於人的工具而已。至於體罰呢？在基本性質上，與獎勵無異，惟一不同的是心向相反，前者是為了報酬而努力，後者在於逃避痛苦而用功。逃避痛苦及尋求獎勵，在某種層面上，常會以偽裝及討好的方式出現，這種偽裝及討好，正違反了教育的本質。因此，獎勵和體罰，在教學上的價值，實有重估的必要。最近，美國哥倫比亞大學對於學生作弊行為做過調查研究，發現作弊與學生成績好壞無關，學生作弊的原因是受到家庭及學校壓力所致。學生學習的動機是由於外來壓力所逼迫時，學生對學習內容本身之價值不予重視，所重視的是成績及成績對他的利害關係。許多學生努力學習的動機不是為了求學及做人，而是為了爭取成績，這種怪現象顯然與體罰有關。

體罰在教育上所產生的副作用是恐懼，除了教師因情緒發洩所造成的嚴重體罰結果外，體罰所造成的痛苦雖然短暫，但其副作用卻長遠地影響學生，它給予學生的焦慮和恐懼反應，及對權威的屈從，將影響個人對是非善惡的判斷。

佛洛伊德把人格分成三個部份：**第一個部份是自我**，它掌理日常所能意識到的事務；**第二個**

部份是本我，它是人慾的野性本能；**第三個部份是超我**，超我亦即良心，是個人行爲及意識的監督者。他認爲良心是外在權威內在化的結果，特別是一個人的早期經驗，如果接受過份嚴格的管教和體罰，他的良心功能將隨之增強，同時懼怕感亦因之增加。其心理分析歷程爲：我不能這樣做，如果這樣做，別人將會批評的；由於他們都在反對，所以我不得不服從，如此我才平安無事，或取得別人對我的歡心，或免除別人對我的敵意，我顧慮不了那麼多，我必須服從他們。良心的功能就警察一樣，隨時在監視著思想和行爲，不但控制了意識，同時也波及潛意識，它像是意識和潛意識間的關卡，凡是反權威的思想和經驗均被壓抑到潛意識的低層，讓自己無法意識到它，以免出現了發生危險，這是心理上自衛的一種現象，也是許多心理疾病發生的根本原因。佛洛伊德有鑑於良心(超我)過份發達，將對於個人幸福發生嚴重威脅，因此不主張以權威建立良心，即不用超我的力量來控制人慾，而用自我的力量來駕御人慾，他說：「何處有本能(原慾)，何處就該有自我。」揭發了超我的不可靠，並警告世人只有自我才是理想的生活監督者，當一個人能夠以自我代替超我，處理日常生活上所遭遇的種種事實蒔，便會安全妥適，清醒無比。因此，佛洛伊德更認爲，心理分析不只是個人診療工作，同時也是文化工作，這個文化工作便是眞正良心的建立，而非超我的過份強調。

人在生活中隨時都面臨抉擇，抉擇需要良心給予的勇氣，才會有守正不阿、擇善固執的道德力量。如果在教育上採取嚴格的管教體罰，勢必使超我過份發達，以致對自己的決定缺乏信心，狐疑而懼怕任何挑戰。關於良心的研究，沒有人比心理學家弗洛姆說得更透澈了，他認爲良心根據其形成的背景，可分爲極權的良心和人道的良心。極權的良心即屈從的良心，其判斷是非善惡，係根據對權威之懼怕或取悅而定；人道的良心爲個人理智及心聲之回應所發動；前者是由獎勵或體罰所培養出來的順從感，後者是由個人的生活體驗，以及基於人性之良好展望所發出來的判斷或心聲。屈從的良心，在做決定時，往往受外來的力量所左右，其衡量標準是得失與利害，是受權威之懼怕感到威脅的程度，因之其是非感不是來自理性的判斷，而是來自懼怕。在社會上，有許多人不敢做自己認爲合理合情的決定，而一定要靠別人來做決定，這種附和的鄉愿人士，尙不乏其人。另因懼怕而不敢做當做的事，或不做違法之事的人，亦屢見不鮮。這些人如果外在的權威一旦不復存在，或一旦察覺到它的不足畏懼，則由嚴格體罰所建立之懼怕或屈從的良心，便失去其功能。在學校教室裡，如果老師不在，我們不難發現學生們不會安靜地坐著自修，他們一定哄鬧、打架，最後亂成一團。許多學生在別人不在時，便會破壞教室的桌椅、撕掉成績欄裡展示的作品，甚至在牆上塗鴨。愛護公物，保持教室淸潔、觀摩同學良好作品，原是平日教師規定的基本規律，教師總是嚴格執行，違者體罰，但一旦教師和學生們不在時，少數一兩個人可能大發破壞的慾望。

社會上也有類似之處，我們經常可以看到許多人隨地吐痰，在街道上任意抛丟紙屑，在警察看不到的公共場所，到處髒亂，政府一再勸導消除髒亂，違者法辦，但在北市火車站前的地下道，陸橋的轉角等較不受人注意之處，滿地檳榔汁、痰、鼻涕，眞是看了令人噁心。我相信這些人大多已受了國民教育，他們在學校所學的秩序和道德觀念，一踏出校門便抛諸腦後，因爲在社會不易有權威的「老師」，隨時盯著他們注意力行公共道德及遵守公共秩序。違反公共秩序，別人不會檢舉，只要不被警察發現，或縱使被發現亦無大礙，這是不足懼怕的，因而不守秩序和缺乏公共道德成爲較普遍的社會現象。至於作奸犯科的大罪，那是要訴諸坐牢的，所以大多數人因懼怕而不敢觸犯，在別人看不見，或自認不可能被發現時，即會有人願意以身試法，這是屈服的良心或權威的良心之不可靠性。因此，學校用體罰來維持秩序，建立學生道德觀念，可能造成兩種現象：一是權威的主體不存在或不再可怕時，就變成不守公德的害群之馬；另一是使學生成爲沒有是非觀念的附和者。他們成爲膽小如鼠的鄉愿，這兩種人對社會都無裨益。

屈從的良心以利害關係爲抉擇的依據，沒有所謂價值的判斷標準。經由體罰所建立的權威良心，如果規範良好，當然它可以維持一個人墮落惡道，但問題就在「過之」而產生的恐懼，傷害了心靈的自由，造成人格的損害；「不及」，則當權威不再被認爲可怕，或自己的行爲可能不被察覺，罪惡可能脫韁而出。在一種權威的良心心態下，善良就是喜悅或服從權威，罪惡就是觸犯權威，前者給人幸福或安全感，因爲它得到讚許；後者造成不安與畏懼，因爲它違背了權威的意旨，蘊藏著被體罰的危險。因此屈從的良心使人失去骨氣和獨立的人格，同時也將孟子所稱：「自反而縮，雖千萬人吾往矣！」的浩然之氣消弭得蕩然無存了。

人道良心即指自我的回應，是我們的心聲，它使我們清醒，有創造力，使自己獲得健全而和諧的發展，「良心是我們道德完整的監護者，它能夠保障我們應有的一切自豪，並且具有向自己提出肯定回答的能力」。人道良心是眞正自我的表現，是生活中道德經驗的本體，有了它，我們才淸楚地認識生活的目標，及達到目標所應遵守的原則。人道良心最基本的性質就是愛的能力，其所發出的愛具有關懷、負責、尊重和知識四個基本素質。愛不是喜歡或享有，而是一種給予性的關懷，是主動關懷被愛客體(個人和社會)的生命及生長，並予以實踐的思想行爲。愛的第二個素質是能夠負起責任，有責任感表示能夠並準備回應客體的需要，並對客體的生長及發展負起責任。愛的第三個素質是尊重，依照客體本然的生長和發展特性來關懷及負責，尊重使關懷脫離「占有」，或免除「適合我的目的」的駕御，而以依其所是的情況負責、關懷。愛的第四個素質爲知識，知識使愛的行動變爲具體而有效果，因爲關懷、責任、尊重如果沒有知識和理智引導，將變爲盲目，缺乏知識使愛變質。沒有知識和了解，母親無法正確有效地教養子女，夫婦不能相敬如賓，朋友無法相互信賴，教師更無法教育學生。當一個人具有這種愛的能力時，他的人道良心眞正地發揮功能，他的行爲和思想是理智的、清楚的和善意的。就愛的主體而言，他是泰然而具有豐富感的強者。孔子答覆子路問「強」，稱：「和而不流，強哉矯！中立而不倚，強哉矯！國有道不變塞焉，強哉矯！國無道，至死不變，強哉矯！」這段話正是人道良心的最好註脚。

教師以體罰的方法來建立學生的行爲規範，維持教室秩序，表面上看來是一件簡單而易於收效的事情，但就道德良心的培育言，卻無法培育出有爲有守，具有堅定信念和能力感的強者。老師以體罰來抑制學生，不管他的動機如何，其教育愛是不夠完整的。體罰並不能直接建立新知，抑制慾望無法引導個人的潛能發展，充其量只能培養屈從的良心，而不能培養一個人的人道良心。

由另一方面言，採行體罰的老師，在愛的能力上本不完整，當他們扮演權威的角色體罰學生時，學生對教師的權威難免發生仿同，結果權威本身又透過教師的身敎、社會遺傳給學生，學生又成爲權威之扮演者，學生一旦學會權威的角色，就變得專斷。一個專斷的人，在其人際關係上及事業發展上，將有嚴重的不良影響。

培育學生的人道良心，有賴於教師愛的薰陶，教師對於學生犯錯或反抗的行爲，必須機智地處理，使學生受到尊重，而又能引導學生改過遷善。教師能循循善誘，使學生在日常生活中獲得正確的道德認識，這才是眞正完美的教育。教師有愛的能力，能關懷學生，尊重學生，了解學生，並以豐富的知識和體驗來處理學生的困擾和問題，學生才不會因懼怕而不犯錯，而是由衷地造成行為與氣質的改變，能明辨是非，確知廉恥，如此，才是成功的道德教育，才能發揮一個人善良的潛能。

教育之目的在於培育一個人的人道良心，而不是建立懼怕權威的屈從良心。

體罰對個人人格及社會性格的影響

體罰是學校及家庭教育中常用的推進劑，它具有絕對的簡易性，使用者可以毫無困難，輕易地使用。因此，自認熱忱和負責的教師用它，情緒不成熟的教師也用它；為了逼迫學生認眞念書時用之，把學生當手段時也用之。體罰除了具有簡易性外，還有顯著的暫時效果。由於體罰可以使學生順從聽話、成績提高，儘管教育當局屢次禁止使用，學校仍用之不諱，許多家長也同意自己的子女接受體罰，他們對體罰頂多只是加上一個按語：「老師！請嚴格管教他，只要不體罰成傷，請多多嚴格管敎！」由於許多家長對體罰存著迷信式的尊敬與無知，他們對體罰的鼓吹時常顯得義正詞嚴，要把子女由開放式教學的教師手中，轉到一個嚴格體罰的班級，並在上學之外，選擇一個採行體罰最嚴的補習班，讓他們接受補習，更荒謬的是這些補習班竟然也以體罰為號召！

無可諱言地，體罰有其效果，但它就像一種強烈的藥劑一般，具有無比的副作用。我們萬不能把它用在以滋潤養育為目的的教育工作上，如果我們貪圖急功而用了它，就等於把教育的崇高價值推翻。

體罰對個人有很多不良的影響，首先，體罰造就了學生的被動性，在體罰的強迫性氣氛壓迫下，學生只有服從，只有跟著教師後頭走，就像牧童牽著牛吃草一樣，亦步亦趨，學生對老師所傳授的只有接受和記憶，沒有創造和思考的機會，他們在死板的教材之外，不知另有更多的知識可以追求。同時，知識本身的活用價值，最後也被成績的價值所取代。在體罰的教學中，一旦把體罰去除，學生可能有兩種反應：其一是孜孜不倦地繼續強迫自己看書，成為接受典型的書蟲；另一是學生因缺乏主動求學的動機，而放棄念書，加諸在過去體罰逼迫中，學生已把學習視為畏途，更造成放棄求學的意念。一般來說，由體罰的教學變為不行體罰的教學，學生的功課會驟然一落千丈。曾經有一所初級中學，採取嚴格的體罰教育，民國五十年，他們在投考省立高中時，考取率為當年全縣所有學校之冠，使全縣教師及家長為之驚訝，並讚口不絕。但這些學生在自由開放的高級中學前二年之淘汰率高達百分之四十，足見體罰所造成的被動性，對學生離校後不能主動學習的嚴重影響。另外，我們檢討一下社會上受過九年國民教育或以上教育程度的人，有多少人在畢業之後還繼續自修求學研究探索呢？我想答案是令人失望的。再以目前大學生求學的一般情形而論，他們被動地抄筆記，不愛看書，考試時把筆記內容照述一遍，所學的知識極其有限，許多教授深感大學生讀書風氣之不振，我想這這與被動的學習有著不可分割的關係。其次，懼怕、服從與被動，同樣影響學生創造力的發展，體罰使學生對成績權威的絕對性發生錯覺，學生對之不得不俯首稱臣，造成了單向接受和不加思考的行為模式，在權威容許之內，學生必須全部接受，在權威之外的知識，對學生而言，是不安全的領域，人的心理具有自動的自衛能力，對於不安之物，自然予以抑制，創造力就在這種壓抑的過程中夭折。創造惟有在解決問題中才能表現出來，體罰造成成績至上的觀念，而忽略了知識的工具價值，基於這種偏差，提供學生創造的機會也大打折扣。

安全感是人類心靈生活的重要需求之一，逼迫學生學習，除了造成憎恨之外，更會產生懼怕不安的心理。許多人，他們一直快樂不起來，即使獲得很大的成功，還要為保持成功而愁眉苦臉，在那單調而缺乏笑容的臉龐上，似乎正刻劃著不愉快和不安的童年，體罰和嚴格管教就是這種不幸福的禍首。

此外，體罰也可能造成學生退縮或焦慮的人格，經常受壓迫感的威脅，學生們往往會在焦慮退縮中放棄自己的豪邁。在喪失了自豪和自信的能力後，他們外表看來馴良而文靜，內心卻不斷地充滿了不安與情緒的矛盾。他們喪失了容受性，易於浮躁，有不少學生看來沉默寡言，平日一語不發，也不愛參與別人的交往，但他們的怒火可能一觸即發。

體罰對於成績較差的學生總是首當其衝，他們本因天資不足，又得不到教師的讚許和支持，已經對讀書學習感到乏味。經過不斷的體罰後，他們幾乎對求學感到疲乏厭倦，最後只好另謀出路，以逃學、說謊、鬧事和惡作劇來博得別人的注意。而這些違規行為再度造成更嚴重的體罰，如此惡性循環，直到他們像鬥敗的公雞一樣，縮成一團崩潰為止。

體罰的教育除了易於造成上述種種不良反應外，還會造成積極思想(positive thinking)的喪失。積極思想是一個人積極樂觀的活力，它是人類寧靜和良好的回應能力的來源，有了它才能心平氣和地面對各種挫折，具有這種能力才能克服困難，完成自己的事業。積極思想是一個心靈健康的表現，具有這種思想的人，只承認有錯誤而不相信有失敗，能夠在困辱多折的人生中活得朝氣蓬勃，百折不撓，精神奕奕。由於體罰的壓制和強制性，往往使學生失去活潑有朝氣的積極思想，而代之以暮氣沉沉的性格特質，他們的人生變得灰暗和不幸。

社會是由許多個人所組成，人與人之間固然有很大的個別差異，但在差異之外，卻又有許多共同點，這些共同特性便是社會性格。社會性格便是文化和社會的特有力量，並可解釋為此一社會的共同價值，它是社會所給予的。問題癥結即在此：當我們普遍採體罰教育時，社會性格必然染上體罰教育的弱點因而體罰一天不摒絕，我們良好的社會性格就會受到影響，這也正是教育當局堅決禁止體罰的原因。

社會公益必須由每一個人負起責任，如果我們培養的國民，沒有清醒的判斷力，不能堅守正義的原則和立場，懼怕別人的批評，僅有隨衆附和的依賴心理，那麼社會進步的巨輪即將滯緩下來。

體罰本身雖是一件小事，但對學生及社會性格的影響卻極爲深遠。

體罰的廢止與紀律的重建

社會或國家能不斷的進步，全賴教育之不斷配合，並對於社會尚未長成的份子予以啓迪和培育。因此教育必須與國家之立國精神及政治哲學相互配合，才能充分地負起培育的責任。我們是三民主義的民主國家，自由與法治是立國的基本精神。因此，學校裡應培養學生自由和法治的觀念。由於體罰具有壓制性，忽視了學生自動求知和人格的健全發展，造成個人心靈之不自由、被動性及屈服感，它正違反了我們的立國精神。放棄體罰，採行一種新的教育方式，是一項毋庸置疑且刻不容緩的事情。

學校是教育機構，其任務在於依據國家的教育政策，培養未來的中堅成員。教師必須以符合自由民主精神的愛，來輔導、滋潤學生。教育愛如同弗洛姆所說，是一種能力，對學生生長的關懷，對學生的發展負責，在尊重的原則下，了解學生的實際困擾，並以豐富的知識和經驗，對學生予以幫助和指導。這種愛的教育，才是民主政治下良好的教育。

廢止體罰，代之以愛的教育，必然會產生紀律問題。紀律是目前教師們最感棘手的問題，爲使學生們能學習道德規範及遵守公共秩序，紀律的教學應由法治著手，從班級自治開始，班級自治是由學生自己立法，自己管理自己，學生對自己所建立的紀律，較有遵守的興趣。如果學生觸犯班規，應依班級規範之規定，公平受罰。學生實施班級自治的過程中，對所制定的法律可以不斷地修訂改進，它不但可以訓練學生思考和創造，也可以建立學生對班級的責任感及榮譽心。他們在自治的過程中，不斷地增強自己的成就感和責任心，同時也因爲不斷的反饋，促使班級紀律更爲健全。

在班級自治中，教師和學生一樣，是班級的一員，同樣要遵守班規。同時，教師是教師，他必須在無形中幫助學生，建立良好的自治規範，在這項班級自治的扮演裡，學生如果違規，所受的處罰是依據班級規範，而非由教師決定。因此，師生之間沒有對立的問題，只有愛，沒有恨。

實施班級自治必須注意下列重要原則：

一、處罰必須與學生的自治和自律相結合。

二、教師必須把每個學生看成目的，而不是手段。

三、處罰學生是一種愛，同時也是一種法治教育，處罰的執行者是學生，而不是老師（必要時可以由教師執行)。

四、處罰不能傷害學生的自尊，更不能採用體罰或打罵。

五、處罰時必須使學生感到是爲自己的過錯負責。

六、班級規範及罰則是由學生自訂的，學生有權開會修訂，或制定新規範。

七、處罰時要讓學生知道被罰的原因及嚴重性，並告訴學生如何改進。

教育的職責在培養學生生活能力，希望學生成爲有責任感、有創造力、有回應力的國民。教育爲了培養其人道良心及健全人格，透過法治觀念，從班級自治中使學生自動學習，可能是一項最好的辦法。

第十二章　英國皇家對夏山學校的視察報告

一九四九年六月二十及二十一日，英國皇家派遣視察員前往視察夏山學校，事後撰成一份視察報告。該報告註明，本文件依該校之請求列入機密。後由尼爾於一七六〇年出版所著《夏山學校》一書時，將之收入書內，公諸於世。惟該報告中註明第二項，敍明如需引用、發表，必須全文刊載一節，則應予尊重，以免斷章取義，而生誤解。本報告對夏山之評論，言簡意賅，值得教育工作者一閱，俾更了解夏山的自由學習。茲為尊重原意，全文迻譯如後。

夏山學校，係根據尼爾的教育理想，作了教育上革命性的實驗，因而聞名世界，廣受世界各地討論。我們視察該校，心理上既覺有趣，又覺興奮。所以興奮者，因其與一般學校不同，所以有趣者，在我們要評估該核辦學與理想的價值。

該校學生一律住校，全年學費一二〇英磅。雖然他們自認員工薪津偏低，學費低廉，入不敷出。但校長仍堅持未調整學費，實爲家長經濟負擔著想。校長雖然對經濟拮据有所抱怨，但視察員調查結果，認爲員工薪資，比一般學校高，學費也不算便宜。視察員們審愼審查其是否有效地應用經費資源後，對校長之叫窮感到不以爲然。儘管校長叫窮，孩子們看來仍營養良好，健康活潑。

《夏山學校》一書一經出版，其所揭櫫的自由原則，常爲一般家長所懷疑和詬病，如果視察員依照這些反應來考評，似乎很難公平地評鑑。

該校辦學的原則是盡量給學生自由，在校園裡，自由是合法的，但涉及生命安全方面，自由就有限制了。例如幼兒游泳時如果沒有兩位擔任救生員的老師在場，他們不能單獨游泳，低年級兒童如果沒有高年級兒童帶領，不能走出校園，如果兒童違犯規定，要以罰金的方式來處罰他們。但是夏山學校中給予小朋友的自由遠超過其他學校，而且所給予的自由的確是眞正的自由。在學校裡並沒有硬性規定孩子一定要上課，事實上大多數的孩子仍舊照常上課，照常寫作業，其中有個特殊的例子，有個小朋友在夏山十三年中一節課也沒上過，但他最後卻在機械設計方面成爲一流的專家，這當然只是一個特例，但何嘗不是一個自由制度下的培養人才的好典範。其實學校也並非完全的放任，學校也有一個類似國家內閣的自治會(General School Meeting)，由孩子們選出一個主席團，老師與學生都是自由參加的。這個自治會非常公平地探討學校與學生們提出的各類問題，有一次自治會討論一位老師解聘的事，結果學生們都能很理智地評論，也能讓老師們諒解他們的立場。討論這種重大個案的機會不多，一般來說學生的自治會只討論校園內日常的事務而已。

視察員們第一天便參加學生自治會，該次討論有關強迫學生熄燈上床的時間以及進餐時間等問題，大家都能熱烈討論，自由發言，雖然有些討論過於繁瑣，時間上花費很多，但視察員們仍非常贊同這種作法——藉討論以發展組織能力和增加經驗。

一般的父母和教師，反對學校對「性」的開放，其實學校對之也有限制。校長認爲應適當灌輸學生有關性的知識，讓學生懂得性與罪惡感不能混爲一談。夏山是男女合校，爲使學生免於遭遇不可彌補的傷害，事先的預防是必要的，學校裡青春期的少年男女，交往並無限制，校風開放，使他們不覺得性是神秘的，相反地，認爲是自然。男女同學在公開的交往下，不像一般社會一樣——愈視爲禁忌，愈是好奇，並引起強烈慾望。當然性開放並非讓兒童爲所欲爲，因此，夏山自創校以來，二十八年之中，並未發生見不得人的事。

夏山對宗教亦持不同看法，校內沒有宗教教育和限制，但若經自治會通過，學生可以爲之，至於個人對宗教之信仰則予以尊重。學校兒童大部份來自傳統的基督教家庭，因此，基督教精神也存在校園，但學校不用教規來約束學生。茲陳述夏山的組織及教學活動如次：

學校的組織

學校共有學生七十名，年齡由四歲到十六歲不等，學生分別住宿四棟建築物。依年齡並參照能力分班，一星期上課五天，每天五節，每節四十分鐘，每班有一定教室和老師，夏山並不硬性規定學生一定要上課，隨兒童年齡成長與自我選擇，上課率自然增加，但兒童的選擇未必都是適當的。除部份高年級爲參加考試取得證書，必須根據考試的要求教學外，低年級則予自由。夏山這種自由的學習方式，固然尊重兒童的意願和興趣，但在學業成就方面，程度不免低落。由於上述原因而導致下列情形：

㈠低年級課業活動缺乏督促與指導。

㈡幼兒使用上述開放模式的教學，對於低年級兒童心智的正常發展、啓發頗具效果，不失爲好的教學。但高年級老師則缺乏引導和刺激學生用功，所以當部份學生要離校進一步求學或就業，則採傳統的教學，以補救學生學業上的落後，這些老師較爲稱職，有一兩個個案顯示得非常成功。

㈢孩子缺少老師的指導，例如有一位十五歲的女生同時修了法文和德文，其中一星期中三堂法文課，兩堂德文課，同時修兩種外國語，這固然依照兒童的意願，但反而使他的進步緩慢。當初若有老師指導，把時間集中在一種外國語文，其進步效果會更大。正規的教學如適度地運用於夏山，學生的課業會較有進展。

㈣學生缺乏私生活，兒童由於住校，又不能單獨有自己的房間，無形中缺乏私生活，同時減少自己讀書的時間，校長也以此爲憾。住校有很多團體活動，使學生不能專注課業，缺乏專心讀書的地方，難得靜下來看書。有心念書的兒童雖可找個地方用功，若無毅力，則難在學業上有所成就，因此，很少有學生待到十六歲以後。

另一方面，學校的某些教學是頗有成就的，其在藝術方面成就很大，舉凡圖畫、美勞、工藝等課，水準均高。固然我們很難將之與一般學校比較，但成就是可肯定的。視察期間，學生正在燒窯做陶，另一個工作場正由學生自行設計脚踏織布機，凡此等等對兒童的興趣與能力之發展，未嘗不是一個好的開始。

夏山學校學生有很多具有創造能力，他們自辦壁報，劇情方面每學期均有編演，好壞固不易評定，但卻辦得好聲有色。例如學生自行表演《馬克白》（*Macbeth*）一劇，所有佈景服裝、道具等等，均由學生製作設計。

體育也是遵照自由原則進行，沒有任何勉強，由學生自選足球、曲棍球、網球等課程，都能玩得很好。足球有一位專門老師指導，水準很高，他們自辦足球賽。亦曾與校外比賽過曲棍球，有一次當他們知道友隊的好手生病不能參加時，他們決定不派校內高手，使兩隊勢均力敵，很能關心及體諒友隊。

戶外活動方面，所花時間較多，學生健康、好動、活潑，一般而言，其體育無懈可擊。

校園與校舍

學校坐落在一塊平坦的土地上，使得兒童有了足夠的空間玩樂。學校主要建築，原係一棟私人住宅，現將它用作辦公大樓、餐廳、保健室、藝術教室、工藝工廠、美勞教室及女生宿舍。低年級學生住較簡陋的小屋，教室也在小屋旁邊，以便就近上課。男生宿舍與教師宿舍相毗連，而直通花園。值得一提的是男生及教職員宿舍，原爲一幢養老院，憑著師生的努力，把破舊的建築物整修得煥然一新，寢室簡單，臥房夠住，衛生設備亦不錯。

校園寬闊寧靜，給人一種長期度假的感覺，視察員同時發現，許多訪客往來校園，學生們仍然不受干擾，其自如專注爲一般學校所無。

學校教職員

教職員薪資除住宿包伙外，每月支付八英鎊・這樣的待遇，就教師們學有專精及學歷看，實嫌稍低。教師中不乏高學位者，有愛丁堡的英國文學學士、利物浦大學碩士、有來自劍橋大學者，有倫敦大學語文學士，劍橋歷史學學士，有四位老師極具水準，在美術、工藝方面的師資亦甚高。

這些老師的學歷和能力水準都很高，以年薪九十六英鎊的待遇，實難以挽留這樣的師資，這也是夏山所面臨的難題。

夏山校長是一位誠摯而又具說服力的人，他的自信心與耐心都令人欽佩，人格高尙，處事不武斷，即使你不贊成他的立場或立論，也同樣會尊敬他。他並且具有幽默感，待人溫和，又富人情味，知識豐富，實在是一位很難得的校長。小朋友一旦與校長相處就能分享他的慈祥和諧，殊值作爲教育工作者的典範。

夏山校長以開放的胸襟製造自由的學習氣氛，使孩子們學習成長，過著快樂充實的生活，並且勇於接受本報告的建議與批評。他誠摰地相信學校必須重視學生的善良本性，而允許他們在學校自由發展，這種教育遠比教給學生知識與技能來得重要，根據這個出發點，視察評鑑的要點如下：

㈠學生充滿活力與熱誠。孩子們臉上看不到冷漠、厭倦的表情；學校充滿了滿足與寬容的氣氛，這就可看出夏山成功的所在。小朋友們即使在假期也將學校當成遊樂與集會的場所。另外有一點也值得一提：夏山本來都是問題兒童的聚集所，現在學生的素質已與一般學校一樣。

㈡學生的表情與態度都顯得很快樂。他們也許缺少一些世俗的客套，但是他們友善、自然、落落大方、不做作，使人覺得這些小朋友很容易與人相處。

㈢學校鼓勵自動自發、負責、真誠，使小朋友從小就養成純良的本性。

㈣夏山學校的學生在離開學校後，亦能適應正常的社會。下面所列舉證明夏山學生在離開學校後仍能適應社會上的需要；例如一些畢業的學生在皇家軍隊中任總工程師、電池廠的管理師、轟炸機隊隊長、幼稚園老師、航空公司的空中小姐、室內樂團的木簫手(音樂家)、芭蕾舞團的舞者、廣播記者、報社的專欄作家、大企業公司的市場調查員等各行各業的從業者。他們也獲得各項不同的學位如劍橋商業學士、曼徹斯特現代語言學學士、劍橋的歷史碩士、倫敦大學物理學士、羅亞藝術學院學士等等。

㈤夏山學校校長的教育理論乃是，希望依照學生的興趣來上課選課，而不是以考試方式來強迫學生學習，使得夏山學校的氣氛非常自由、開放、民主。這種自由氣氛的制度本來很能夠促發學生學習的興趣，可是兒童太自由了反而將最能學習的時機錯過。

我們直到現在，對夏山的自由原則和方法仍不免存疑，但我們愈與校長接觸，也許愈能消除我們的疑問。毫無疑問地，有意義的教育實驗和研究，是值得繼續作下去，俾資教育工作者，能從中觀摩。

第十三章　柏斯登對夏山校友的追蹤研究報告

自動學習、成功的經驗和滿足感、愉快和自由的學校氣氛，是心理分析學家對教育所提出的原則性看法。如果我們應用這些原則來設計一所學校，結果會如何呢？夏山學校是尼爾依據佛洛伊德心理分析理論所設計創辦的學校。目前已聞名遐邇，尼氏所著《夏山學校》一書，已被翻譯成多國語文。夏山的教育信念是：培養學生強健的「自我」，保留自己的「本眞」，獲得生活的幸福。對此教育信念，夏山實踐了多少？學生畢業後，是否符合學校所預期的？曾有人作過研究嗎？我想這些問題必然爲教育工作者所關心。但是一個人是否自我實現和幸福，是屬於品質的問題，不是用問卷作調查統計所能完全掌握的，因此柏斯登對夏山校友做了一次追蹤研究，結果發現夏山的校友大部份都有愉快的生活，泰然開朗的個性，以及自我實現的傾向。當然，夏山的教育並非十分完美，但它已證實：自動學習和成功的經驗，對一個孩子的未來發展，具有決定性的影響力。本報告取材自一九六八年秋季版《人文心理學期刊》(*Journal of Humanistic Psychology*)，全文敘述生動，讀起來很像看一篇遊記，特予迻譯，俾供參考。

一九六四年十二月的一個夜晚，我閒坐爐邊，順手翻閱《夏山學校》一書(一九六〇版)，不禁陶醉於夏山的一景一物，栩栩如生地想像該校活潑愉快的學生，嚮往著學生們自由快樂的學習氣氛。

次日早晨，我在黑板上指定數學作業，學生們都是七歲到十歲的小孩，當時我靈機一動，允許興緻勃勃的查理繼續完成他的故事寫作，也讓佛蘭克在寫字課時間，完成他的算術作業。據我觀察，他們所完成的作業，要比平時效果高三倍。當我看到佛蘭克那副津津有味、神入陶醉的表情，不禁又想起引人入勝的英格蘭夏山學校——那兒的孩子永遠享有選擇的自由，學校從不強迫他們做任何作業。

在學校員工餐廳，我和同事談起自由學習的教育學，即透過求知的慾望，學生做他想做的事，獲得他想獲得的知識。我們邊喝咖啡，邊談夏山學校，盡興所談，不覺又叫了一杯咖啡，我的同事遞給我一塊方糖，說：

「如果不強迫學生做些什麼，孩子們能學會必備的能力嗎？」我凝思良久回答：

「是的！當那些孩子離開夏山之後，他們的情況如何，我頗想知道這個答案。」

此時，吳德也談到十來歲的孩子，就被迫強記文法，確有斟酌的必要，他以懷疑的口吻說：

「難道讓學生依自己興之所至學習，就得不到預期的結果嗎？」

另一位老師答道：

「如果這樣，許多孩子便什麼也不學了。」

吳德接著說：

「你還記得瓊斯嗎？」

「他怎麼了？」圖特夫人問道：

「上個月他來看我，他做自己喜歡做的事，自動閱讀電視修護手冊，對電視有濃厚的興趣，他認為不一定要念高中。」

次日，我對這未經證實的教育哲學仍然保持懷疑的態度，但我卻和另一位老師討論，認為不妨試一試。當天下午，我向班上說明夏山的情況。在我班上有十個學生是因學習困難而編入的；他們智力在平均以上，但學業成就只有一、二年級的程度。當我說明了夏山學校的情況後，便在一片歡笑聲中開始進行。幾分鐘後，麥克夫首先發難說：

「你不是開玩笑吧！」

隨即向空中投了個紙頭，我克制責備他的衝動，報以微笑——夏山的下午眞正開始了。

「我們做些什麼呢？」貝蒂問我。

「做任何你想做的事，」我平心靜氣地回答，「如果你需要幫忙的話，隨時告訴我。」

我和我的同事坐下來等待著學生的反應。教室裡經過幾次擾攘，有幾個孩子開始繪圖，有的用臘筆，有的用水彩。瑪俐在唸書，查理和畢萊在做算術作業，佛蘭克在寫故事。平靜不到半個小時，新的挑戰又來了，八歲大的傑佛瑞以激動的眼神張臂狂舞，顯然可以看出他童年被壓抑的氣質，我告訴他：

「傑佛瑞！停止！」

他回答道：「我以爲他們可以做任何事情。」

我思索半晌，告訴他：

「是的！但必須講道理啊！」

此外，伊雯平常是個內向害羞的女孩，此刻，她對著打架出名的麥克勾肩搭背，撫摸親吻他的頭髮。麥克憤怒地喊著：「救救我呀！柏斯登先生！救救我呀！」伊雯在那裡傻笑，我建議她嘗試些建設性的活動，這就是我談論夏山學校的序曲。

此後的數星期，他們對夏山談得更多。他們經常討論，在這種允許性的環境下，學生能夠眞正的學習嗎？他們能適應未來的婚姻和親職嗎？能負責嗎？願意做他們該做的事情嗎？……等等問題！

就在這個時候，我寫信和夏山學校聯絡，問他們曾否做過追蹤研究。我獲悉只有一個人做過，但由於找不到畢業生的地址，追蹤的報告令人無法滿意。因此我決定在暑假親自到英格蘭去考察這個學校，做個追蹤研究，了解夏山畢業生的經驗和他們對自己的看法。

六月十六日，我飛抵英格蘭，趕乘早班火車前往夏山，在車上，我向服務員打聽：

「你曾聽過夏山這個學校嗎？」

「上個星期，我在電視上看過該校的風景不錯。」接著，我說明我的來意並問他：

「我可以在哪裡找到夏山的校友呢？」他告訴我：

「假使你不介意的話，我告訴你也許可以在監牢裡找到。」

原先我想記下他可能給我的建議，聽到他成見很深的批評，不禁闔上筆記，默然無言。其實在我完成調查之後，發現夏山的學生並不差。創辦人尼爾也告訴我，學生之文雅使他驚訝。許多夏山的學生都讚美夏山的精神——寬容。

我和另外兩人很快來到里斯敦沙弗克村，很快找到夏山學校。我走向樹蔭成拱的通道上，一個活潑的孩子騎著單車擦身而過。另外一位飛也似地尾隨其後，一群小學年紀的孩子，正在美麗的校園裡嬉戲奔跑，安然自得，對訪客毫不在意。我信步走去，孩子們仍快樂地玩耍、爬樹、玩家家酒、建木屋。有一棟建築物的轉角，朝陽斜照，那兒擺放一套破舊的沙發，墊子裡頭的填塞物依稀可見，一個八歲大的女孩，正專心入神地從中掏出破碎的海綿。

我走進一棟大建築物的正廳，空空蕩蕩的。我被一系列的佈告吸引住，那兒貼滿一頁頁的自治公約。一個十五歲的孩子告訴我說：「雖然那是我們自己所訂的東西，但它在自由的學校裡，具有特別的重要性。」

晚間，我參加他們的自治會，學生們熱烈地討論學校和自己的問題，他們制定新法規，廢除舊的法規。大廳裡除了佈告之外，坐滿了學生，他們席地而坐，座無虛席。尼爾高而略駝，徐徐走進學生的中央，坐在一張陳舊的椅子上，學生們吵鬧之聲頓然消失。一個十二歲左右的孩子宣佈開會，一個年長的孩子和年幼的孩子開始爭辯就寢的時間。另外一個反對「宿舍管理小組」向訪客收取一先令，把他們當動物欣賞。此外，又廢除「偷竊研究委員會」等等。學生就贊成與反對提出意見，最後由主席莊重地宣佈決定。會後我和尼爾在走廊上交談，我請教他關於孩子離校後的情形，他以柔和的蘇格蘭英語告訴我：

「他們走入藝術界。」

其實，根據我的調查，他所說的未必盡然，他們的職業因人而異。尼爾年邁體衰帶著疲倦的神態，又說：

「他們的人格發展平穩而眞誠。」他已是八十老翁，我知道他有些疲倦，所以沒有和他多談。

夜晚十點，細雨綿綿，我走過濃蔭通道，心裡想著，「這一定是世界上最快樂的學校。」是的！我想是，因爲今天下午我信步走進一間教室，那裡十幾個孩子一起彈琴、彈吉他和吹口琴。有幾個七、八歲的孩子靠著椅背，入神地陶醉其中，一個八歲大身穿青玉色衣服的女孩，正陶醉在載歌載舞的情懷裡，輕盪著絹質花邊，面露愉快的笑容。此時，有一個人跟小女孩耳語幾句，她頓然憂鬱了起來，因爲他的父母即將帶他回去。當時我看到孩子們安慰她那種離情，實在萬分感動。我還記得這個小女孩告訴過我，她在學校的活動是音樂、舞蹈、寫字、讀書、運動、繪圖，以及跟男同學遊玩。當然，夏山未必在各方面都全然地樂觀，它也有其弱點，即在教學上太少激發和指導。有幾位男孩告訴我，他討厭這所學校。我也記得一個瘦小戴著角質眼鏡的孩子呆坐不語，還有一個悲淒的女孩獨坐門檻。

回到倫敦，我開始追蹤工作。夏山給我一些名單，一個挨著一個訪問。夏山校友告訴我更多夏山校友。我買了部機車和倫敦地圖，在暑假結束前，我訪問了五十名夏山校友，二十九名男性，二十一名女性，年齡是十九歲到五十二歲不等。第一個星期，我應三位夏山校友邀請，並以之做爲訪問的起點。我很高興拜訪了第一個家庭，很快地便成爲他們的朋友，他們溫雅敦厚，其純誠與以後所拜訪的家庭同一典型。倫敦大部份夏山校友均甚謙和，我經常應邀到他們我們家裡喝茶、用餐或共度週末。

幾個星期下來，我對夏山的觀念獲得澄清，有許多校友喜歡夏山的教育方法，也有一些校友認爲學校未能符合他們的需要。最後，分析顯示：有十個人覺得夏山給他們很多恩賜，認爲夏山給他們信心和成熟，使他發現生活之道，並引導他力行實踐。其典型的說法是：她幫助我不斷快速成長，她消除了我的恨，她引導我探索並對所有事物感到好奇和興趣。他們一致認爲自由的環境，促進他們依自己的本性發展，成長了健全的人格。

有七個人認爲夏山對他們沒有幫助，反而覺得適應困難，他們所非難的是：教學沒有重點，缺乏教師指導，抱怨以大欺小而未能獲得保護。這些人的一般性說法是「她所給我的是無所遵循的習慣，容易懈怠。」這些人顯然屬於害羞和依賴性較強者，他們的家庭教育及早期生活經驗似乎給了他們無法適應該校的前因。

夏山學校對於合群而富進取性的孩子，似乎有很大的幫助，但對於退怯或安靜孤僻的孩子則難以獲得好的效果。當然也有例外，教師對害羞的孩子做建議，而獲得積極回應的情形，也並非沒有。

我第一個拜訪的人是住在倫敦的包爾，當天下午四時，我同他在客廳飲茶攀談。包爾二十歲，談吐溫和，留著一頭短髮，六歲至十六歲在夏山唸書，他說：

「學校有些無聊，但在我們離開學校時，同伴們都通過『十一歲考試』而進入另一所學校，他們的成績都在平均水準之上。」他接著說：

「你知道的，一個學生可以在夏山停留很長的一段時間，但易於被無所事事的新生帶壞。」包爾後來轉到職業學校唸了兩年，目前自製家具，他還引導我參觀他未完成的家具。這時包爾的母親從廚房走來，我讚美家具做得很好，她表示亦有同感，並說包爾一直遲遲未予完成。包爾爽快的接著說：

「我相信在夏山的每個人，都可以獲得這種工作態度。」

我調查在夏山待得最久，適應上也較有困難的十四個夏山校友。發現其中四個人對生活和職業有不良適應，其餘的人現在適應良好。我深深地覺得自由的教育哲學，確有可取之處！

當晚，我應邀在安妮家共嘗雞尾酒，他們賢伉儷都在夏山唸過書，目前她是一位兒童心理醫師，家裡鋪著美麗的波斯地毯，牆上掛著鮮艷的圖案。我們交談了一段時間，她喚來兩個孩子，告訴他們睡覺的時間到了，較小的一個開口打岔，母親溫和地補上一句說「該睡了！」孩子們自動地上床去了。安妮告訴我說：

「我先生和我對教育小孩的意見常常相左，但我們總是儘量協調一致。」此時五歲的長子穿了睡袍，從樓上走到內院，手上拿著他新完成的泥土作品——騎士與馬，投入母親的懷抱裡，安妮吻了他，並讚美他的作品，然後互道晚安，她說：

「夏山校友們的孩子對父母從來不會懼怕。」

安妮的話，經過訪問了十一個已做父母的夏山校友而得到證實。所有在夏山讀過書的人，其對待子女都是和藹的，所用的方法大抵為「自我指導」，他們親子間的關係良好，孩子是幸福而自動的。

夏山校友在親子關係上的和諧，在廿五歲家庭主婦康妮的家中得到更進一步的證實，她離開夏山學校已十四年，家住在公寓的底層，我拜訪她時，正好她的兩歲和三歲半的女孩過來邀她一起玩家家酒，我聽到她回答：

「親愛的！等一會兒。」

其中一個小女孩對我微笑，另一位害羞似地吃著手指，她招呼了兩個小孩，並為我倒了一杯水。她告訴我說，孩子最好能住在鄉下，那兒他們可以爬樹，玩家家酒，玩蓋房子。我問她是否想把小孩送到夏山，她說：

「我喜歡他們，我不打算將他們送到任何地方。」

在十一位爲人父母的夏山校友中，大都不將其子女送往夏山，其理由大抵和康妮一樣！想多和孩子相處。其中有三位把孩子送往夏山，但在十三歲時便轉學，他們一致認爲夏山不重視學業。

康妮引導我參觀孩子的臥房，是一間陽光充足、空氣流通的房間，牆上繪有許多圖案，情調舒適，那是孩子的父親爲他們佈置的！孩子跟著進來，一骨碌爬上床，把剛剛鋪平的床單踩髒，我發現康妮連貶個眼也沒有。她對我說：

「我相信父母應儘可能給予孩子自由，但有時也有矛盾之處，比如說我不贊同體罰，但偶爾發起脾氣，或不免扭她們一把，事後又覺得不妥。」

有許多夏山校友同樣也有這種矛盾，但只有兩位在懲罰孩子後心裡不會覺得內疚。但絕大部份的校友是不體罰孩子的！

我們離開孩子的臥房，回到客廳再度攀談起來，我問她離開夏山時是否能夠適應，她說：

「到了一般學校，我覺得學校所提供之教材新鮮而有趣，我眞不懂爲何其他的孩子只要老師一離開便停止學習。」

她接著又告訴我其他的學生懼怕老師和校長的情形，她認爲教師是學習的媒介，是吸收新知的橋樑，因此她經常發問，當晚她母親還說：

「當時老師和校長都無法打發她，她對知識吸收的能力簡直就像海綿球！」

六個十餘歲的小孩，在經過至少三年的夏山生活後，轉進普通學校，其中只有一個人適應不良，其餘五人均能熱心地學習，起先雖然成績不佳，但在一年之內很快就能迎頭趕上，能與其他學生並駕齊驅。惟一特殊不能適應的只有康妮的弟弟，他是從七歲一直在夏山念到十二歲，他是我惟一遇到夏山逃學的人，他被嚴格的公立學校懾住，跟不上又懼怕發問。目前他是一位瘦小害羞的廿四歲青年，他在與人談話時也有困難，和我一起進餐時表現拘束，在客廳裡還是一樣拘謹，他母親經常替他作答，有時還打斷他的話題越俎代庖。康妮進入公立學校兩年，經一番努力，目前她在倫敦大學物理研究所攻讀博士。

康妮和她先生一道陪我到另一對夏山校友吉爾夫婦家。他們育有一女，住在倫敦市中心，到他家時他的小孩正津津有味地看他作畫，他在夏山待了六年，一九四八年離開，離校後三年沒有上學，在家專心作畫，其繪畫興趣源自夏山。他的父母因相信自由之可貴而送入夏山學校，後來吉爾又上了三學期的工藝學校，通過牛津入學考試。他們以豐盛的晚餐招待我們，家裡井井有條，牆上掛了許多精美圖畫，其中有幾幅是自己的作品。飯後我們回到客廳，我欣賞著一幅五顏六色的幾何圖形，是一幅巨畫，爲印象、現代和古典的結合，我不覺陶醉其中，直到吉爾夫人遞給我一杯茶，我才坐了下來，他說：

「我覺得夏山救了我一生，小時我很神經質，十二歲時我離開一所管教嚴格的住宿學校進入夏山就讀，當時我幾乎崩潰。在夏山我才開始嘗到自由，接受戶外遊戲，把書本拋開，幾個月後我的心情逐漸穩定下來，在夏山是我第一次和異性交往。」

夏山有五項特色是其他學校所沒有的，那是：(1)促進學生對性的健康態度和對異性的關心；(2)增進個人的自信，能對權威處之泰然；(3)提供兒童自然發展的環境，保持個人的興趣和能力；(4)允許他們依自己的需要活動，設置良好之讀書環境，並予以誘導；(5)幫助學生了解自己，並以有益健康的方法引導他們。

大部份夏山校友對母校的批評是：缺乏學業學習及傳授的機會。我發覺夏山吸收了形形色色的老師，有些老師蓄長鬍，悠然自得地在校園走動；有些則與學生遊戲捉迷藏，有位學生告訴我說，他因爲喜歡老師而跟他學習德文。

儘管有人批評夏山學生的學業不好，但在我隨機訪問的十五個人當中，有十人通過大學入學考試，八個獲得學位。四個經過兩年的補習而通過考試。我認爲這要歸功於夏山對學生的了解和愛。

考克是夏山的老師，他是許多人所公認最具影響的老師。我在倫敦訪問過他的學生，他說考克不只影響他的觀念態度，更影響他對科學的興趣。現在他是一位名動物學家，剛剛從奈及利亞研究蝸牛疾病回國。考克今年七十歲，在夏山任教三十年，夫婦二人居住在倫敦東北百里郊區，我拜訪他時，他慈祥地面露微笑，伸出褐色粗壯的手臂緊緊地握著我的手，身體高而背略駝，溫和的話語使人感到和藹可親，他告訴我許多協助兒童的故事。

一會兒考克的兒子走了過來，手裡拿著新照的彩色幻燈片，他四十出頭，在夏山長大，於一九三九年(十七歲)離開該校，他穩重自信，跟他父親一樣富於幽默，他向夫人及孩子誇耀新的農場式房屋的美麗，並說照相的興趣是在夏山開始的。後來他很少參加教室的活動，倒是花很多時間在尼爾所設計的「卡車部」(car apartment)學習。邊看修護手冊邊操作練習，離開夏山，他當了三年學徒，又受僱於該公司，直到三年前自己開設了收入可觀的修護廠。

我應邀參加他們的晚餐，蔬菜是後邊菜園採回來的，新鮮可口。考克是素食者，素食的原因一方面基於自己的選擇，一方面由於經濟的理由。在夏山任教時，週薪才十五元，目前靠政府給予養老金過活，飯後他給我一份名單，使我能拜訪更多的人。夜深人靜，他送我出來，依依揮手道別，情意深濃。

我調查的第二站是一個鄉下，當天是一個溫暖晴朗的日子，天邊綴滿了綿綿的白雲，麥子高過我的頭，不遠處房屋沿街而蓋，友善的村民恬淡愉快的樣子令人嚮往。我過去問路，很快就找到佛才的家，他家外表樸素，新加蓋的房子，從落地窗可以看到裡頭的擺設，樹蔭正好和屋內相映成趣，在這裡似乎只有這家醫院，業務興隆。經過一番寒暄歡迎，小坐片刻，我陪他送帳蓬給孩子，孩子們就在鄰村露營。接著，陪他探視幾個病人，他那溫和的態度，一看就知道是一位好醫生，他能了解別人情緒和需要，能和病人心生共鳴。當晚我們一起晚餐，在座有佛才夫人，十來歲的兒子以及十幾歲的法國少女，他是來學英語的，同時也替他們做點家事。家裡充滿自由自在的人際關係，是我所看到夏山校友中最好的家庭，飯後孩子們在電視房休息，佛才和我一起交談。他十三歲進夏山，不斷自學、努力，很順利地在十六歲時通過大學考試。次日我要離開時，他還告訴我：

「自由學習是一種神奇的事，它給我良好的經驗。」他親切地握著手，接著說：

「自由很少被了解，我已把所知道的全盤托出，好！希望我們能再見！」

我調查的另一站是倫敦郊區，找到佛才胞弟家裡，他說他母親非常嚮往自由，所以送他們入夏山，他九歲入該校，十六歲勉強通過大學入學考試，目前是一位電機工程師，在光潔的客廳裡，他們夫婦請我品嘗西班牙白酒。十一歲和十三歲的女兒和男孩一起坐著交談，他說：「夏山學校很適合十歲以前的孩子，但對以後的學齡兒童，則不夠重視其學業。」在這裡我同樣感到賓至如歸，這個家庭氣氛融洽而愉快。

我所訪問過的夏山校友家庭都充滿溫暖和互相了解，他們彼此互相溝通，生活幸福。夏山學校的教育哲學確能產生良好的親子關係。

接著，我拜訪喬治，他不但約我到家裡共度週末，同時邀請另一位夏山校友和他的丈夫一道參加。喬治自六歲到十六歲一直在夏山唸書，目前是一位律師，有兩個事務所，他身材高大硬朗，四十出頭，帶著堅毅的神情和溫和的笑容。他引我到後院時，他九歲的孩子也對我打招呼，遲來的朝陽尚未熾熱，我們席坐在院子外大草坪交談。他說：

「我在夏山過著幸福的日子，這個小樂園我實在有些捨不得離開。」

「當你離開夏山時，你適應的情形如何？」我問。

「沒什麼不好！」並仰頭凝思道：

「我參加了英國空軍，我嚮往飛行，我準備必須知道的知識，然後參加飛行。」

他認爲有一位老師名叫考克，對他影響殊大。我們談到天氣漸熱了，回到客廳邊談邊嘗英國啤酒。

後來，我又去拜訪薛伍和弗朗這對夫妻，一到他家，就感到一種無可名狀的溫暖，他們彼此深度地溝通，無論吃飯、遊戲或閒居均能悠然融洽。兩個男孩在外頭玩著板球和疊球，配合些沒有規則的遊戲，媽媽和女兒相依交談。在我聊天時，薛伍問弗朗道：

「你教的課如何？」弗朗是在一家醫院爲殘障兒童上課。

「你也當老師？」我問。

「不，從夏山畢業到結婚，我一直任秘書工作，目前我自願在附近一家醫院擔任教職。」他約三十來歲，溫文大方，自信而又美麗，六至十六歲在夏山讀書。他說他離開夏山並沒有適應的困難。

我調查十五個夏山校友，他們否認離校後有適應困難；其中有七個人反而說，夏山的經驗使他們有更好的適應。

當天下午薛伍、弗朗和我又拜訪了喬治・尼爾，他十八歲，正準備入大學攻讀法律，他英俊、泰然自若，我看到他時，他正在網球場打球，他告訴我：

「夏山的第一年，幾乎不想唸書，我想我父親是因爲我在普通學校嚴格管教下，造成不愛唸書的毛病，才送我到夏山，三年後，我自己決定回到附近的普通學校，當時我已有念書的心理準備。」

……

時光易逝，暑假一晃而過，我終於踏上歸途，機場的看臺上，夏山校友濃情密意地向我揮手，無疑我們已建立了深摯的友誼。他們的友愛和隆誼深深地滲入一位打破沙鍋問到底的美國人心裡。……我想著自由的可貴，尼爾教育哲學確有可資支持的證據。……成功的經驗導向更多的成功。

新的學年我以新的觀念教導我的班級，我發現查理已喜歡上數學，富蘭克正熱中於繪畫，他們有信心和新的體認，有一天我告訴富蘭克：

「你這幅畫繪得好極了！我問你一個問題，畫上的校舍有多高？」

「一千呎？一百呎？」富蘭克猜道。

「這教室有多大？」我又問。

「五十呎？一百呎？」另一位學生猜道。

這時，其他同學也都好奇起來，大家拿出尺來，他們開始丈量教室的寬和長。富蘭克跟另一位同學爬上防火梯，丈量教室的高度，結果是二十五碼，富蘭克問：

「二十五碼合多少呎？」

「現在我教你怎麼算！」

「我不會算！」他說。

「我教你除法，你就會了！」

就這樣，富蘭克進入學數學的初步。如果尼爾看到我這種教學方法，一定會說：「這不是夏山教室。」但一個小時後，再予觀察，富蘭克依然努力繪畫，哈羅和傑富瑞在學拼字，另外兩個孩子在寫故事，同時吉米正在準備試管做科學實驗，我走過去告訴他：

「你做得很好，現在你如何寫明日期、程序和結果？」吉米回答道：

「一定要寫嗎？」

「寫記錄和報告是做實驗必須的工作。」我說。

於是吉米努力學習寫記錄。第二週，他知道記錄的重要性，並記下酵母如何出現，如何長出絨毛樣的東西，如何變化，他變得喜歡寫東西了。也許尼爾又會說：

「他不是自動地寫，而是爲你而寫。」或者他會說：

「孩子已在新的領域發現新的滿足。」

我希望答案是後者。由此可知夏山的教學原則是有實施的可能性。

〈附錄〉

參考書目

□中文參考書目

一、吳俊升著，《教育哲學大綱》，商務書局，六十七年出版。
二、范錡著，《教育哲學》，世界書局，五十七年出版。
三、黃建中著，《教育哲學》，中國地方自治函授學校出版。
四、克伯來著，楊亮功譯，《西洋教育史》，協志工業叢書，五十四年出版。
五、楊國賜著，《現代教育思潮》，黎明文化事業公司，六十六年版。
六、鄭世興著，《近代中外思想家思想》，台灣書店，五十六年出版。

七、威爾杜蘭夫婦著，《世界文明史》，幼獅出版。
八、唐斯著，彭歌譯，《改變歷史的書》，純文學出版社出版。
九、史魏爾著，邱奕銘譯，《成功》，遠流出版社，六十七年出版。
十、吉諾特著，許麗玉譯，《老師如何跟學生講話》，大地出版社，六十七年出版。
十一、周蓮清著，《弗洛姆人文思想及其在教育上的意義》，師範大學，六十五年碩士論文。
十二、鄭石岩著，《弗洛姆的精神分析理論》，商務，六十四年出版。
十三、約瑟夫．洛斯奈著，《精神分析入門》，新潮，六十年出版。
十四、杜威著，《民本主義與教育》，商務，六十一年版。
十五、高敬文著，《美國開放式教育與我國新教學法之比較》，東益出版社，六十六年出版。
十六、韓幼賢著，《當代心理學理論》，中央圖書出版社，六十一年版。

□英文參考書目

一、Adler, A., *The Individual Psychology of Afred Adler*, 1956, Basir Book. Inc, New York.
二、Adler, A., *Social Interest*, 1914, Capericarn Books, New York.
三、Bernstein, E., "Summerhill: A Follow-up Study of Its Students", *Journal of Humanistic Psy-*

chology 8, No.2 1968 (Fall).

四、Brown, G. I., *The Live Classroom*, 1976, The Viking Press, New York.

五、Brubacher, J. S., *Modern Philosophies of Education*, 1968, Mcgraw-Hill Book Co., New York.

六、Brameld, J., *Philosophies of Education* 1955, Henry Holt & Company Inc., New York.

七、Carroll, H. A., *Mental Hygien*, 1964(printing in Taiwan, 1969).

八、Dewey, J., *Democracy and Education*.

九、Erikson, E. H., *Youth and The Life Cycle, Children* No. 2. 1960(Mar.-Apr.).

十、Flynn, E. W. & Lafaso, J. F., *Designs in Affection* Education, 1974, Paulist Press, N. Y. Paramus.

十一、Fromm, E., *Crisis of Psychoanalysis*, 1970, Fawcett Publications Inc., Greenwich, Conn.

十二、Fromm,E., *Zen Buddhism and Psychoanalysis*.

十三、Fromm, E., *You Shall Be As Goods*, 1966, Holt Rinehart and Winston.

十四、Fromm, E., *Psychoanalyisis and Religious* (printing in Taiwan).

十五、Freud, Anna., *The Ego and The Mechanism of Defense*, 1946, International University Press Inc.

十六、Freud, S., *An Autobiographical Study*, 1952, W. W. Norton & Company, Inc., New York.

十七、Freud, S., *The Ego and Id*, 1950, The International Psychoanalytical Library, The Hogarth Press Ltd.

十八、Freud, S., *A General Introduction to Psychoanalysis*, 1935, Liveright Publishing Co.

十九、Freud, S., *The Interpretaion of Dreams*, 1950, The Modern Library, New York.

二〇、Freud, S., *The Problem of Anxiety*, 1936, W. W. Nortorn & Company Inc.

二一、Freud, S., *Outline of Psychoanalysis*, 1936, W. W. Nortorn & Company Inc.

二二、Freud, S., *The Origined Development of Psychoanalysis*, 1955, Cgotvey Education Inc., Chicago.

二三、Freud, S., *Groups Psychology and The Analysis of The Ego*, 1951. Liveright Publishing Corporation, New York.

二四、Freud, S., *Collected Papers I—III 1956*, The Hogorth Press Condor.

二五、Freud, S., *General Psychological Theory*, 1963, The Growell-Collier Books Publishing Company, New York.

二六、Gagne, R. M. & Briggs, L. J., *Principles of Instructional Designs*, 1974, Halt, Rinehart and

Winston Inc., New York.

二七、Gerold, S. B., *Psychoanalytic Theories of Personality*, 1953, Mcgraw-Hill Books Co., New York.

二八、Goldenson, R. M., *The Encyclopedia of Human Behavior*, 1970, Doubleday & Company, New York.

二九、Hart, H. H., *Summerhill: For and Against*, 1970, New York Hart Publishing Company.

三〇、Horney, K., *Self-Analysis*, 1942, W. W. Harton & Company Inc., New York.

三一、Horney, K., *Neurotic Personality of Our Time*, W. W. Harton & Company Inc., New York.

三二、Horney, K., *Neurosis and Human Growth*, W. W. Harton & Company Inc., New York.

三三、Hilgard, E. R. & Bawer, G. H., *Theories of Learning*, 1975, Prentice-Hall Inc., Englewood, Cliff, New York.

三四、Jung, C. G., *The Structure and Dynamics of The Psyche*, 1969, Bullingen Series XX, Princeton University.

三五、Jung, C. G., *Civilization in Transition*, 1969, Bullingen, Series XX, Princeton University.

三六、Jung, C. G., *Two Essays on Analytical Psychology*, 1953, Meridion Books, The World Publishing Co., New York.

三七、Jones, R. M., *Fantasy And Feeling in Education*, 1968, Harper & Raw, New York.

三八、Luchins, A. S., Mechanization in Problem Solving: The Effect of Einstelling, *Psychology Monograph* 54. No. 248, 1942.

三九、Morgan & Gaier, D., Type of Reaction in Punishment Situations in the Mother-Child Relationship, *Child Development,* 1957.

四〇、May, R., *Love and Will*, 1969, New York, Dell Publishing Company.

四一、May, R., *Psychology and Human Dilemma*, 1979, New York, Norton & Company.

四二、May, R., *Man's Search for Himself*, 1953, New York, Dell Publishing Company.

四三、Neill, A. S., *Summerhill,* 1960, Hart Publishing Co., New York.

四四、Nunberg, H., *Principles of Psycholoanalysis*, 1955, New York International Universities Press Inc.

四五、Rogers, C. R., *Freedom to Learn*, 1969, Charles E. Merrill Publishing Co., Columbus Ohio.

四六、Roger, D. J., How to Teach Fear *Elementary School Journal* No. 8, 1972 (May)

四七、Sahakian, W. S., *History of Psychology*, 1973, F. E. Peacock Publisher, Inc., Itasca, Illinois.

四八、Skinner, B. F., *The Technology of Teaching*, 1968, Appleston-Century-Crofts, New York.

四九、Tyler, R. W., *Basic Principles of Curriculum and Instruction*, 1949.

五〇、Tyler, L. L., Curriculum Development, *From a Psychoanalytic Perspective Education Forum* 36, 1972(Jan.).

五一、Tenenbaum, S., School Grades and Group Therapy *Mental Hygien* 54. No. 4, 1970(Oct.).

五二、Trilling, L., *Freud And The Crisis of Our Culture*, 1955, Boston, The Becacon Press.

五三、Watson, G., Psychoanalysis and The Future of Education, *Teacher College Record* 58, No. 5, 1957(Feb.).

五四、Weisskopf, E. A., Some Comments on The Role of Education in 'The Creation of Creation', *Journal of Educational Psychology* 42. 1951 (Mar.).

國立中央圖書館出版品預行編目資料

心理分析與教育／鄭石岩著.

--二版. --臺北市: 遠流, 民82

面;　　公分. --(大眾心理學叢書; 37)

ISBN 957-32-2002-4(平裝)

1.精神分析論 2.輔導(教育) 3.教育心理學

175　　82008245

親子教養系列

（如果您希望成爲孩子的知心朋友）

- 面對孩子就是挑戰——教養子女的新法則
- 做孩子的心理學家——教養滿意寶寶的貼心話
- 他們只有一個童年——以正確方法教養孩子、愛孩子
- 做孩子的顧問——稱職父母的100則教養話題
- 啓發孩子的創造力——在日常生活中發現、鼓勵孩子的創造力
- 與孩子一同成長——由父母導引的幼兒行爲調適新法
- 有子十五二十時——陪孩子度過青春期

從呱呱落地到成家立業，沒有一位父母不希望自己能夠陪孩子走過這一段人生歷程。與以往權威型的父母不同，稱職的現代父母，都希望與孩子建立平等的親子關係。他們渴望自己能成爲孩子的知心朋友，傾聽孩子的心事，並尊重孩子的自由與獨立，而非像射手般，將孩子導向自己嚮往之處。

本系列書籍，即是教導父母如何扮演護航者的角色。讓孩子自己成爲駛過成長風暴的舵手吧！這樣，孩子才能充滿創意地走出自己的路。

兒童問題系列

（如果您希望您的孩子能順利成長……）

- 如何教養難帶的孩子——發掘難帶孩子行為問題的背後成因
- 如何幫助害羞的孩子——教你幫助孩子克服害羞
- 如何幫助智能障礙的孩子——一個蒙古症患者父母的心路歷程
- 如何教出資優兒——辨認、發掘、培養孩子的潛藏天賦

每一位準父母在期待孩子降臨時，都不免滿懷憧憬：孩子活潑、可愛、好奇、甚至優秀、卓越、成功的景況；一切似乎充滿希望，未來是那般的美好、令人滿足。但是當孩子出生之後，如果他既不可愛，也不乖巧，或者霸道不講理；或者害羞膽怯；或者有情緒障礙，會無緣無故的攻擊別人；或者學習遲緩，無法溝通；甚且更不幸的，他是個智能障礙的孩子……。這時，做父母的該如何突破幻夢，面對這個新生命呢？如何用接納、尊重、耐心與愛去引導他，讓他走向健康的人生——這是我們所關心的。

㉝操縱者	Dr. L. Shostrom／著	孫慶餘／譯	160 元
㉞如何消除緊張	C. E. Walker／著	陳健仁／譯	160 元
㉟成人保健書		謝瀛華／著	160 元
㊱情感與人生		薇薇夫人／著	180 元
㊲心理分析與教育		鄭石岩／著	160 元
㊳何處尋找好男人	Dr. C. Cowan & M. Kinder／著	沙永玲／譯	160 元
㊴動腦成金	J. S. Nirenberg／著	榮泰山／譯	180 元
㊵禪・生命的微笑		鄭石岩／著	160 元
㊶悟・看出希望來		鄭石岩／著	160 元
㊷覺・教導的智慧		鄭石岩／著	160 元
㊸開放的婚姻	Dr. G. O'neill & N. O'neill／著	鄭慧玲／譯	200 元
㊹開放的成熟	Dr. G. O'neill & N. O'neill／著	孫慶餘／譯	200 元